DE L'ORIGINE

ET DE L'INSTITUTION

DU NOTARIAT.

DE L'ORIGINE

ET DE L'INSTITUTION

DU NOTARIAT,

PRÉCIS HISTORIQUE

LU A L'ACADÉMIE DES SCIENCES, BELLES-LETTRES ET ARTS
DE CLERMONT-FERRAND,

Par Euryale FABRE,

Licencié en droit, notaire à Clermont-F¹, membre de l'Académie de cette ville.

CLERMONT,

IMPRIMERIE DE THIBAUD-LANDRIOT FRERES,

Libraires, rue Saint-Genès, 10.

—

1849.

DE L'ORIGINE

ET DE L'INSTITUTION

DU NOTARIAT.

———————◆———————

Les hommes ont d'abord joui en commun de tous les biens de la terre. La munificence du Créateur avait doté chacun d'un apanage dont l'immense étendue dépassait celle du désir, et les valeurs mobilières étaient, pour la plupart, sans attrait, alors que leur usage était inconnu.

Mais l'amour du bien-être, qui inspira celui de la propriété, fut aussi rapide, aussi vif qu'il est naturel ; cette communauté complète et primitive ne tarda donc pas à se modifier par les conventions, dans l'intérêt même de la paix et du bien général.

Son abolition partielle se retrouve dans les mœurs des anciens Scythes qui partagent les troupeaux et les objets mobiliers, en laissant en commun les terres, les forêts et les prairies ; mais bientôt la division s'étendit aux immeubles.

Le droit de propriété reconnu, il devint le principe le plus actif de la civilisation, dont il est encore la base la plus sûre.

Ce droit emportait avec lui celui de transmission, qui nécessitait à son tour une convention et l'instrument qui devait en assurer l'effet. De la convention au contrat, quelle qu'en soit la forme, il n'y a donc qu'un seul anneau, *celui qui sépare le fait existant du fait constaté.*

Examinons comment les conventions ont été établies par les premiers peuples ; comment elles le sont encore aujourd'hui chez les nations qui sont au berceau.

Les conventions ont eu pour premier lien, la foi promise, qui sera toujours la plus exacte comme la plus douce des garanties, et, pour seul tribunal, la conscience, haute et sévère mais sainte juridiction.

Deux écueils inhérents à la nature humaine démontrèrent bientôt l'insuffisance de ce premier mode de transmission.

Le premier fut l'infidélité du souvenir qui provoque l'incertitude de la conscience. Le sentiment intérieur peut aussi s'égarer quelquefois malgré son respect pour lui-même, ou varier suivant les sentiments qui nous dominent. Il est trop entier peut-être avec la force et la santé, inquiet, indécis avec la maladie, timide et faible sans l'intelligence.

Le second, fut la mort qui vient toujours paralyser l'exécution d'une volonté restée inédite.

En égard de ces difficultés, on eut recours au serment des intéressés survivants, honorable mais périlleux appel à la conscience et à l'honneur de son adversaire. Ce flambeau de la justice est encore vivant, sévère et majestueux dans nos codes, où il a été conservé avec sagesse par la législation comme moyen décisif ou comme auxiliaire des autres preuves; et, par la morale, comme un excellent précepte pour toutes les générations, et un énergique désaveu contre le soupçon de corruption que chaque siècle paraît si disposé à porter contre lui-même.

Bientôt un premier rayon de civilisation vient éclairer la terre, mais il a pour satellites toutes les nécessités de la vie sociale, les passions jalouses et la mauvaise foi. Dès lors, le serment des intéressés ne sauvegarde plus le droit de propriété, et l'on invoque les témoignages des parents, des voisins, des amis : ce sont eux qui règlent d'abord les différents; et ces arbitrages de famille, de voisinage ou d'amitié, sont le berceau du pouvoir judiciaire.

Il est vrai que les débats ne s'agitent pas encore sur l'application d'un texte, l'interprétation d'un titre ou la signification d'un mot, mais bien sur l'existence d'un fait accepté de part et d'autre comme preuve d'un consentement ostensible et sérieux. On a compris qu'il faut, dans ces époques primitives, frapper les sens du peuple par une action palpable qui grave dans la mémoire, inculte et distraite de chaque intéressé et de chaque témoin, les actes essentiels de la vie civile; on imagine alors les signes et les symboles, dignes ascendants des formes sacramentelles conservées, par la tradition, dans quelques parties de notre législation actuelle.

On étend la main droite pour donner un mandat; la garantie se marque par le poing fermé; on interrompt la prescription en brisant une branche; on se frappe dans la main pour conclure un marché; l'héritier fait craquer ses doigts pour indiquer l'accroissement d'héritage; le don d'un anneau de fer équivaut à une promesse de mariage. A Rome, le préteur va prendre une motte dans le champ en litige, et comme tradition du champ lui-même, il la remet à celui qu'il déclare propriétaire.

Le jeu intervient aussi pour arracher un consentement ou fixer la valeur d'un objet. Les deux contractants sont en présence, le vendeur indique son prix et l'acquéreur le sien; ils jouent ensuite à la mourre pour savoir quelle est celle des deux estimations qui sera suivie; ce jeu n'est pas, il est vrai, de pur hasard, il exige de la précision, de l'assurance dans le coup d'œil; mais il n'est pas moins d'une singularité remarquable de voir le jeu venir présider aux conventions et se travestir sous le manteau de la justice.

L'usage des témoignages et des symboles s'est conservé longtemps chez les Hébreux, bien qu'ils eussent rapporté d'Egypte l'art de l'écriture ; car, d'après la loi de Moïse, quelques actes seulement devaient être constatés par écrit, de ce nombre était le divorce (*Deutéronome*, chap. 24, v. 1 et 3).

Les serments, les témoignages et les symboles furent bientôt impuissants contre l'avidité, fille illégitime de la civilisation qui grandit et prospère avec elle ; passion irréfléchie, puisque tous nos succès sont constamment devancés par la rapidité de nos vœux ; hostile à la raison, puisque la fortune si désirée, si chèrement escomptée quelquefois, n'a jamais procuré deux véritables et justes satisfactions.

Loin de soulager nos peines et nos souffrances, les richesses favorisent un calme et une oisiveté qui laissent un trop libre cours aux réflexions chagrines, et multiplient ainsi des tourments que les nécessités du travail auraient peut-être dissipés ; elles ne peuvent satisfaire qu'un seul sentiment louable, la générosité, celui précisément qui reste toujours inconnu de l'avide et de l'avare.

Les faits ont démenti ces théories : notre ambition, souvent sans but et toujours sans limites, nous a fait méconnaître nos promesses, fausser nos serments, déguiser nos témoignages, et c'est la mauvaise foi qui a nécessité l'établissement des contrats.

écrits. Ces traces mortes du consentement ont sur les autres modes de justification dont nous avons parlé, le privilége d'être moins fugitives que la mémoire, plus sincères que les témoignages, et de rester toujours inaccessibles aux passions et aux changements de volonté.

Comme, dans l'origine, très-peu de personnes savaient écrire, on employa ceux qui connaissaient cet art, les scribes, modestes aïeux des notaires d'aujourd'hui; c'est ainsi que les besoins de la société donnèrent naissance à une institution qui, du rang infime des scribes, s'est élevée progressivement jusqu'au rôle de premier conseiller de la famille, de confesseur laïque des peuples, jusqu'à la dignité du fonctionnaire public.

Quelle immense distance entre ces premiers écrivains, dont la vieille histoire des Hébreux nous conserve le souvenir, et les officiers publics créés par la loi de l'an XI, pour donner aux conventions l'authenticité attachée aux actes de l'autorité publique, nommés à vie, investis par délégation immédiate d'une portion de la puissance royale, et qui, forts de cette investiture, fonctionnent aujourd'hui, au milieu de la civilisation dont ils sont les gardiens, sur le seul appui de leur conscience, mais toujours armés de la formule exécutoire, ce redoutable appel à la force publique.

Le pouvoir judiciaire et le notariat disposent seuls

de ce formidable mandement nécessaire à leurs fonctions respectives qui se touchent par plus d'un point. Le juge déclare l'intention de la loi, le notaire celle des contractants ; ils disent l'un et l'autre ce qui a été voulu, ce qui est juste ; celui-là en vertu de la loi, celui-ci par suite de la volonté ; mais ils formuleraient en vain les obligations, s'ils ne pouvaient pas invoquer en même temps la force publique au service de la société toujours intéressée à l'exécution des engagements.

Les actes (*instrumenta*) ont précédé l'établissement des scribes, et parmi eux, c'est le testament dont l'origine paraît la plus ancienne. L'histoire ne fait ici que confirmer la raison qui enseigne que l'acte dont le besoin s'est fait sentir le premier, a dû être nécessairement celui qui devait remplacer la volonté alors qu'elle était anéantie.

Origène fait remonter les testaments jusqu'à la création du monde, puisqu'il parle de celui d'Adam. Nous abandonnons cette assertion à son auteur ; l'on peut cependant reporter l'origine des testaments à l'époque où les descendants d'Adam possédèrent leurs biens séparément, ce qui arriva au temps d'Héber, ou 2247 ans avant l'ère vulgaire (*La Genèse*, ch. 10, v. 5 et 25).

L'histoire a conservé les testaments des patriarches. Eusèbe dans sa chronique, Cedrenus dans ses annales, imprimées à Basle en 1566, rapportent l'un et l'autre le testament de Noé ; l'ancienneté de cet acte

ne lui a rien fait perdre de sa grandeur et de sa majesté ; et combien paraissent mesquines nos plus importantes transactions d'aujourd'hui, mises en regard
de cet acte unique, contenant à lui seul le partage
des trois parties du monde alors connu.

Voici une partie de ce testament, tel qu'il est rapporté par les auteurs latins : « Anno ab origine mundi
» bis millesimo quingentesimo septuagesimo secundo,
» Noë annum ætatis agens nongentesimum trigesi-
» mum, oraculo nimirum divinitus accepto, tribus
» suis filiis terram distribuit, hoc modo, Semo, pri-
» mogenito suo filio, dedit quidquid terræ in longum
» à Perside et Bactris usque ad Indiam porrigitur,
» in latus ab Indiâ usque ad Rhinocorura Ægypti.
» Chamo autem, secundo suo filio, terram addixit
» quæ Austro et Africo est exposita, et partem Oc-
» cidentis à Rhinocoruris Ægypti Ethiopiam, etc.
» Japeto, tertio filio, attribuit quidquid à Media ad
» Septentrionem, et solis occasum pertinet, usque
» ad Gades, insulasque britannicas, Armeniam, etc. »

Ce testament pourrait bien ne pas être tout à fait
apocryphe. Des textes précis des livres sacrés nous indiquent que la manière de disposer par testament,
était en usage longtemps avant la loi de Moïse ; et
Philastrius, évêque d'Italie, qui vivait au ive siècle,
déclare que de son temps l'on regardait et l'on traitait
comme hérétiques tous ceux qui doutaient de son authenticité.

Le testament d'Abraham est encore plus certain ; on voit dans le chapitre 15 de la Genèse, que se voyant sans enfants, il nomma pour son héritier le fils d'Eliezer, son intendant.

« Mihi autem non dedisti semen, et ecce verna-
» culus meus heres meus erit. »

L'historien sacré, après avoir parlé du mariage d'Abraham avec Céthura, ajoute :

« Deditque Abraham cuncta quæ possederat
» Isaac ; filiis autem concubinarum largitus est mu-
» nera. »

Voilà bien une institution d'héritier en faveur d'Isaac et des legs en faveur d'autres enfants.

C'est dans le livre de Josué, chapitre 14, que l'on retrouve le testament de Jacob, par lequel il distribue ses biens entre ses enfants, en laissant une double part à Joseph. Cette disposition s'exécuta, même à l'égard de la Terre promise, puisque, après que Josué en eut fait la conquête, il en accorda une double part aux descendants de Manassé et d'Ephraïm, enfants de Joseph.

Nous pourrions étendre ces citations, rappeler les testaments anciens faits en faveur des archanges, des martyrs ou des saints, tous empreints d'une originalité curieuse, et que la jurisprudence avait validés, en substituant à ces créatures spirituelles les églises ou les oratoires ; mais qu'il nous suffise de les avoir ici cotés.

Nous avons trouvé dans les scribes les premières traces du notariat ; examinons, au flambeau de l'histoire, sa marche qui a toujours suivi à travers les siècles les oscillations progressives ou rétrogrades de la civilisation.

Les premiers scribes furent ceux d'Egypte et ceux des Hébreux. Ces derniers en avaient de trois espèces différentes ; les uns, appelés scribes de la loi, transcrivaient et interprétaient les livres saints ; les autres étaient les scribes du peuple, et, comme en Egypte, ils formaient une espèce de magistrature qui a quelques traits de ressemblance avec le notariat du moyen âge ; les autres enfin étaient les scribes du gouvernement, et l'une de leurs fonctions était de sceller les actes judiciaires et conventionnels : sous la robe de ces derniers magistrats on entrevoit facilement les gardes-scels et les tabellions de Rome et de France qui pouvaient seuls donner la forme exécutoire.

C'est aussi chez les Hébreux que nous découvrons l'origine des actes sous seings privés faits doubles : ces actes n'étaient alors ni écrits ni signés par les contractants ; mais ils les faisaient rédiger par un écrivain quelconque, devant témoins et en deux doubles ; l'un était clos et scellé du sceau public, l'autre restait ouvert, ainsi que le constate Jérémie dans le chapitre 32, où il parle de la vente qu'Hanaméel, son cousin, lui avait consentie du champ Anatho, situé sur la terre de Benjamin.

Les scribes furent d'abord les écrivains purement passifs des conventions ; plus tard ils en devinrent les rédacteurs, et quoiqu'ils fussent dans les premiers temps sans qualité officielle, les contractants rendaient hommage à leur probité, puisque ceux qui ne savaient pas lire apposaient leur sceau sur l'écrit qu'ils avaient rédigé pour eux, après en avoir entendu la lecture ; les autres lisaient eux-mêmes, et ils écrivaient au bas le mot *approuvé*, qui s'est perpétué jusqu'à présent. L'usage de la signature n'existait pas encore.

Les scribes organisés, chez le peuple hébraïque, étaient reconnus comme officiers publics ; leur intervention ne donnait cependant à leurs actes aucun caractère d'authenticité, mais elle leur transmettait la force d'un acte sous seing privé.

Des institutions semblables existaient en Grèce et en Macédoine.

Les argentarii d'Athènes étaient très-connus alors pour constater les transactions financières. Les actes, en sortant de leurs mains, n'avaient aussi que la valeur d'un écrit privé, en ce sens qu'ils n'étaient pas exécutoires, mais ils le devenaient par la présentation qu'on pouvait en faire au magistrat en présence de témoins ; ce dernier, après information, y apposait le sceau public qui leur servait d'*exequatur*.

Nous observons déjà chez les Hébreux et en Grèce deux fonctionnaires nécessaires pour l'authenticité ;

chez les uns, le scribe du peuple et celui du gouvernement ; chez les autres, l'argentarius et le magistrat. Nous retrouverons ces deux officiers à Rome
et en France, avec cette seule différence que celui qui
sera chargé de conférer l'exécution aux contrats,
aura le nom de tabellion.

Aristote, le précepteur d'Alexandre, parle aussi
des notaires qui existaient dans ces temps reculés
(300 ans avant J.-C.), et en faisant l'énumération
des hommes publics nécessaires à une cité policée,
il y fait entrer les rédacteurs des conventions *(Aristote,
de Republica*, liv. 6, cap. 8).

Dans les premiers temps, les fonctions de scribe
ou de notaire furent remplies par des esclaves, dont
la mission toute mécanique était nécessairement fort
restreinte.

Du reste, il est naturel de penser que les hommes
ne se sont soumis qu'à regret à la vie bureaucratique
et même à l'étude des sciences. L'abord glacial et
sévère de l'une et de l'autre, une utilité fort suspecte,
si on les considère en elles-mêmes, et abstraction
faite des bienfaits de leurs applications ; la résistance
naturelle à se livrer aux occupations purement spécu-
latives, qui s'opposent aux exercices naturels du corps
et contrarient ainsi les premiers sentiments de liberté,
furent autant de motifs pour éloigner les adeptes.

A Rome, les scribes ou les notaires datent de
l'origine du droit ; en effet, le notariat n'est que la

mise en œuvre, l'application des règles du droit civil
à la rédaction des contrats; c'est une des branches
de la théorie générale.

Il n'eût donc pas suffi de créer des lois, de procla-
mer les droits de chacun, si l'on n'avait indiqué en
même temps la manière de les exercer et de les trans-
mettre; car, nous l'avons déjà dit, le droit de transmission est le corollaire le plus direct du droit de
propriété.

Les premières lois, celles de Moïse et des douze
tables, ne contenaient cependant que les principes
de la justice positive sans s'occuper des formes.

Les lois royales ou le Droit papyrien, qui est le
seul qui ait été connu jusqu'à la République romaine,
ne s'en occupait pas non plus.

Le droit existait, mais la manière d'agir n'était
pas déterminée; pour y suppléer, les jurisconsultes
romains créèrent les *actions*, et, sous ce nom, l'on
comprenait, non-seulement les formes judiciaires, mais
encore celles des actes qui se faisaient hors la présence
du juge et qui avaient également leurs solennités.

Il y eut d'abord à Rome des scribes *(scribœ)*,
mais ce titre devint générique et commun à tous ceux
qui savaient écrire; plus tard, parurent les écrivains
rapides *(cursores)*, les écrivains publics *(censuales)*,
les calculateurs *(logographi)*, leurs clercs *(boeti)*,
enfin, les notaires *(tabularii)*, qui furent au commencement sans caractère public, comme l'indique

Cujas dans son Commentaire sur la loi *Universos* au code. Ils assistaient aux conventions et les notaient sur des tablettes *(tabulæ)* sur lesquelles ils écrivaient avec un stylet.

Ces notes étaient de simples signes qui avaient une signification connue et que l'on traçait très-rapidement. C'était une sténographie semi-officielle et l'œuvre de gens doués d'une conception facile, jointe à une grande dextérité comme l'indiquent ces deux vers de Martial :

« *Currant verba licet, manus est velocior illis :*
» *Nondum lingua suum dextra peregit opus.* »

Tous les chefs de famille avaient leurs scribes dont ils se servaient pour eux et leurs clients, car on sait que, d'après les institutions de Romulus, tous les hommes du peuple adoptaient un patron qui leur servait d'appui et de conseil. De leur côté, les clients donnaient leurs suffrages à leurs patrons, et leur faisaient de petits présents au commencement de chaque année.

Bientôt la confiance entoure les *tabularii*, et on attribue alors aux actes qu'ils rédigent un commencement d'authenticité. En cas de contestations, l'une des parties peut présenter ses tablettes au préteur qui, sur l'explication des notes et les dires des témoins, fait rédiger le contrat, le fait sceller du sceau public et en ordonne l'exécution.

Les notes que l'on présentait au préteur s'appe-
laient *scheda*, et la rédaction définitive *completio
contractus* : c'était là le véritable contrat qui devait
être fait devant deux témoins qui en certifiaient la
vérité et y apposaient leur cachet. (*Nov.* 44, 71
et 73).

Plus tard, l'authenticité devient plus précise; les
notes conservées par les *argentarii* constatent régulièrement les emprunts, sans même qu'il soit besoin
de la signature du débiteur; cette confiance leur est
accordée comme une conséquence de la publicité de
leurs actes; aussi, leurs bureaux sont-ils établis sur
la place publique; et c'est là seulement qu'ils peuvent écrire leurs notes en présence du peuple. Créés
pour constater les transactions financières seulement,
leur compétence s'élargit peu à peu, et on les voit
successivement consigner les autres conventions, recevoir les testaments, administrer les deniers publics
et conserver le dépôt des chartres.

Cette première organisation confuse ne pouvait pas
se perpétuer, et l'on ne tarda pas à définir, à préciser
davantage les fonctions de chacun. On retrouve alors
les notaires *(notarii)*, ceux qui donnaient aux actes
la forme publique *(cancellarii)*, les conseillers des
notaires *(medogrammatei)*, *qui sunt quos scribæ
consulunt*, dit Perezius; enfin, les tabellions *(tabel-
liones qui erant liberi homines, et poterant ad decurio-
natum adspirare)*.

Toutes ces variétés de scribes et sous-scribes, de notaires et de tabellions, de jurisconsultes et de praticiens se rendirent indispensables, parce qu'ils tinrent longtemps secrète la connaissance des formes dont l'observation était si rigoureusement exigée à Rome.

Flavius parvint, en 473, à soustraire ce livre des Actions, qu'il rendit public sous le nom de Droit flavien. Mais ces formalités devinrent ensuite plus nombreuses : elles consistaient moins dans une rédaction spéciale et sacramentelle, que dans certains signes symboliques encore en usage, qu'OElius rassembla à son tour dans un autre ouvrage qui reçut le nom de Droit œlien.

Si nous ajoutions à cet exposé fort incomplet, les modifications apportées par le Droit prétorien, et par les commentaires des jurisconsultes ou les réponses des prudents, nous aurions à peu près l'état du tabellionage sous la République de Rome.

Nous passons à une autre époque ; cette grande nation n'est déjà plus à l'apogée de sa puissance. Le règne des empereurs a modifié ses mœurs et ses institutions ; les formes et les symboles deviennent moins utiles, elle n'a plus besoin des signes extérieurs pour saisir le transfert de la propriété. La loi 23 *ff. de Manumissis vindicta*, et celles 1 et 2 au Code *de Formulis et impetrationibus actionum sublatis*, viennent démontrer que le droit n'a plus besoin de revêtir constamment la forme du drame; nous touchons à une période de transition et bientôt de décadence.

Le dernier souverain de cet immense empire, le grand Théodose, lui rend un moment son ancienne auréole.

Victorieux sur les bords du Danube, en Hongrie, en Macédoine, en Thrace, en Italie, la prévoyance de son génie lui dicte toutes les lois nécessaires à un grand peuple.

Dans ces vastes projets d'organisation, il n'oublie pas le notariat; mais seize années de règne ont à peine suffi à ses conquêtes, à sa conversion au catholicisme, à ses études, à la promulgation des lois les plus urgentes. Aussi, avec les empires d'Orient et d'Occident, qui doivent après lui se séparer pour toujours, il lègue à ses deux fils le projet de loi sur le tabellionage.

Arcadius et Honorius ne tardèrent pas à promulguer cette loi qui érigea le tabellionage en charge publique. Dès lors les notaires furent entourés de considération; ils firent partie des magistrats de la cité, et formèrent une compagnie à part, distincte de ces magistratures subalternes dont les membres étaient désignés sous le titre d'*apparitores*. Dès cette époque aussi, ces fonctionnaires jouirent de tous les priviléges qui accompagnent le citoyen à la garde et à la fidélité duquel l'on confie les traités de famille et les chartes de la fortune publique. Ils furent souvent

2

revêtus des hautes dignités de l'empire, et la qualité
de notaire s'alliait avec les titres les plus éminents:
A Rome, à Alexandrie et à Constantinople, les ar-
chidiacres et les archiprêtres prenaient toujours la
qualification de notaires apostoliques, et c'étaient
eux qui en remplissaient les fonctions.

La promulgation seule de la loi, préparée par leur
père, qui élevait le notariat au rang des charges publiques, semble avoir épuisé le pouvoir créateur des
deux successeurs de Théodose. Comme toutes les
institutions durables et sérieuses, le notariat ne pro-
gresse que sous les inspirations puissantes des grandes
époques. Aussi, nous arrêterons-nous en France vers
Charlemagne, saint Louis, Philippe-le-Bel et Philippe-le-Long, Charles VI et Charles VIII, Louis XII,
Henri IV, Louis XIV et Napoléon, et nous trouverons l'appendice de cette ancienne institution dans
l'ordonnance de Louis-Philippe, du 4 janvier 1843.

Ce n'est donc pas sous Arcadius, indolent et vo-
luptueux souverain d'Orient, ni pendant la minorité
d'Honorius et au milieu des perfidies de Stilicon
contre son pupille, que nous devons rechercher un
progrès dans l'organisation civile.

Mais Théodose II succède à Arcadius, son père,
et malgré cette insouciance coupable et persévérante,
même en face des poursuites actives d'Attila, son
goût pour la paix, qu'il avait si chèrement achetée,
le porte à préparer un recueil de lois connu sous le

nom de Code théodosien, qui fut publié le 15 janvier 433. Ce travail fut le précurseur de celui ordonné par Justinien ; il contenait l'abolition complète des symboles et des formules oiseuses qui n'ajoutaient rien à l'essence ou au caractère des contrats. Cette législation nouvelle simplifia considérablement la mission des notaires et des tabellions.

A Rome, comme en France, ces deux charges n'ont pas été les mêmes ; le notaire prenait les notes (*scheda*), puis il les remettait au tabellion qui seul avait le droit de rédiger le contrat (*completio contractûs*), sur ces renseignements considérés comme un simple brouillon.

Cette habitude s'était perpétuée en partie jusqu'au dernier siècle, non que la minute ne fût alors le véritable contrat, mais en ce sens que cet original contenait une foule d'abréviations qui disparaissaient dans les copies ou les expéditions.

L'empereur Léon voulut que les notaires fussent des hommes d'une probité reconnue, versés dans la connaissance des lois, et habiles dans l'art de parler et d'écrire.

Nous sommes maintenant au temps de Justinien ; nous trouvons là une organisation complète, des instructions minutieuses, pour assurer la liberté du consentement et la sincérité de son expression par les notaires ; les notes qu'ils prennent ne sont obligatoires que lorsqu'elles ont été écrites en toutes lettres, et

que deux témoins en ont attesté la sincérité. Si l'un
des contractants ne sait pas écrire, un de ses amis
doit donner pour lui son approbation. Enfin, l'empereur Justinien donne des notions précises sur la forme
des actes, et il prononce des peines sévères contre les
prévaricateurs. Néanmoins, les notaires ne confèrent
pas encore une authenticité complète, et leurs actes
ne sont exécutoires qu'après leur enregistrement sur
les livres des magistrats, qui peuvent seuls leur donner
le sceau de l'autorité publique.

Avant d'abandonner ces monuments romains, si
féconds en utiles enseignements pour le légiste et
l'historien, rappelons quels sont les principaux contrats que nous y retrouvons.

Au premier rang figure l'échange, contrat des
époques de décadence ou de barbarie, hostile au mouvement de la propriété, mais d'une simplicité qui n'est
pas d'abord sans attraits;

La vente, mais avec une profonde modification,
fondée sur la distinction du *jus ad rem*, seul droit
que transmettait le consentement, et du *jus in re*,
qui ne s'acquérait que par la tradition;

L'emphytéose, commandée par les besoins d'une
agriculture naissante, également utile aux intérêts du
fermier et du propriétaire. Cujas, sous le titre du
Code *de Agricolis*, nous apprend que ces anciens
censitaires ont été successivement appelés *adscripti-
tii, coloni, tributarii, censiti;*

Le bail à loyer (*cœnaculum*), qui par sa nature annonce déjà une civilisation avancée ; le prix d'une location (*cœnaculariam facere*) indique un besoin pressant de ressources, toujours chèrement achetées par la présence d'étrangers dans la maison.

Nous retrouvons l'origine de la rente constituée dans la loi 33, ff., au titre *de Usuris*, et à la loi 2 du Code, *de Debitoribus civitatum;* celles du contrat de mariage, de la donation et du testament, sont aussi faciles à rencontrer, et ces actes que nous classons aujourd'hui parmi les plus solennels, ont eu cependant leur époque de modeste simplicité. Nous n'en rapporterons pour preuve que cette définition de testament :

« Voluntatis nostræ sententia est, de eo quod » post mortem nostram fieri volumus. »

Le mandat (*manu datum*), l'un des plus puissants moyens d'action qu'ait inventé l'esprit humain ; nous l'avons dit en parlant des symboles, il se conférait d'abord en étendant la main, comme nous le faisons encore tous les jours, en signe de confiance ou d'amitié. Cicéron nous apprend que le mandat est un appel de confiance à l'intelligence, à l'aptitude d'autrui :

« Non enim possumus omnia per nos agere, id- » circo amicitiæ comparantur, ut commune commo- » dum mutuis officiis gubernetur. »

Considéré sous le rapport moral, cet acte devient l'application la plus directe du principe chrétien, qui veut que les hommes s'aiment et s'entr'aident, parce que nul ne suffirait à lui seul aux nécessités les plus modestes de la vie.

Au point de vue industriel, son effet est immense, puisqu'il nous permet de nous multiplier, et de traiter en même temps, sans quitter le bureau où nous sommes assis, des affaires sur tous les points du globe.

Le prêt puise aussi son origine dans la confiance; mais comme toutes les choses humaines, il s'est ensuite beaucoup éloigné de sa pureté primitive; tous les services, tous les rapports des hommes trouvent leur premier mobile dans ce sentiment d'humanité qu'excite dans nos cœurs cette étincelle chaleureuse qu'y dépose toujours, en nous donnant la vie, le Créateur des mondes, mais les calculs de l'égoisme la refroidissent ou l'éteignent. Le prêt à intérêt a été l'objet des discussions les plus opposées, quelquefois des critiques les plus amères dans le triple domaine de la législation, de l'économie politique et de la religion; cependant, en fait, tous les peuples qui se sont livrés au commerce ont prêté à intérêt, malgré les défenses renouvelées à diverses époques, et qui n'ont jamais été très-bien exécutées.

Du reste, cette immense question, que nous avons touchée par occasion, et que nous ne voulons pas discuter, nous semble aujourd'hui purement théorique; la nécessité du crédit nous commande et nous emporte.

Ce sont les besoins de ce crédit impérieux, alors comme aujourd'hui, qui ont enfanté le gage, l'antichrèse, le nantissement, l'hypothèque et le cautionnement, qui ont été fort connus à Rome.

Le gage a perdu chez nous son droit de bourgeoisie ; il est presque inusité, si ce n'est dans les classes très-inférieures et pour des prêts minimes et toujours usuraires. Aussi, les personnes étrangères à la législation ne le regardent-elles plus que comme un acte déloyal ; ce défaut de considération a frappé le contrat au cœur et détrôné la loi.

Le prêt sur gage s'est donc retiré confus dans les monts de piété, créés sous l'influence d'une pensée charitable italienne, et organisés, en 1450, par le génie du moine Barnabé de Terni.

L'antichrèse est d'origine grecque, et le cautionnement d'origine romaine ; dans les premiers temps, la caution s'appelait *sponsio*, mot dérivé de la formule obligatoire *spondes-ne ? Spondeo*. Mais la garantie du répondant périssait avec lui.

Nous ne devons pas nous étonner de cette restriction, en présence de la législation décemvirale qui soumettait le débiteur et sa caution à toutes les rigueurs de la puissance dominicale qui entraînait la captivité et la mort.

Nous suivons les mêmes principes aujourd'hui ; la contrainte par corps et les peines corporelles n'atteignent ni les héritiers du débiteur, ni ceux du criminel , parce qu'il est d'éternelle justice de n'obliger le corps que pour un fait personnel. Plus tard, on comprit que les obligations civiles devaient trouver la garantie de leur exécution plus sur les biens que sur le corps, et la caution prit le nom de fidéjusseur (de *fidem jubere*).

Sous la féodalité, nous retrouverons le cautionnement sous le nom de pleige (*plegium*), mais avec cette grande différence avec le *sponsio* de Rome , que la caution féodale n'oblige que les biens.

Le contrat de société est aussi ancien que les relations commerciales et industrielles. L'Asie, l'Afrique, l'Egypte , la Grèce , tous les peuples ont laissé des souvenirs d'associations puissantes.

A Rome, l'on s'associait, comme nous le faisons aujourd'hui, pour l'entreprise des travaux publics , l'armement des navires , les constructions urbaines , le commerce des vins et des céréales , qui fut si actif avec la Sicile , la Sardaigne , l'Afrique et l'Egypte.

Il y avait des branches d'industrie qui ont aujourd'hui perdu beaucoup de leur importance ; de ce nombre sont : le commerce des parfums, des mosaïques , des jeux , des comestibles exotiques , des aromates , les entreprises des pompes funèbres , etc. D'autres n'existent plus, et nous pouvons citer le commerce des esclaves , celui des ennuques , des bêtes fauves , et la ferme des impôts qui occasionna ces associations de publicains qui sont certainement tout ce que nous connaissons de plus vivace et de plus largement organisé.

Au moyen-âge, nous trouverons ces importantes associations de serfs ou de cultivateurs réunis sous un chef du *chanteau* qui agissait pour lui et ses *comparsonniers*, et dont les traces se sont conservées dans l'arrondissement de Thiers jusqu'à ces derniers temps.

Une notice publiée dans les Tablettes historiques de M. Bouillet, donne des renseignements très-intéressants sur la communauté des *Guittard-Pinon*, dont l'origine remonte au viii° siècle, et qui, toujours vertueuse et toujours unie, s'est maintenue intacte, riche et puissante jusqu'au xix° siècle.

Il suffit d'avoir rappelé ici les contrats principaux; nous passerons sous silence la nomenclature aride de tous les actes accessoires, et de tous ceux aujourd'hui purement historiques qui se rattachaient à l'esclavage ou à l'affranchissement.

Nous avons retrouvé les traces du notariat chez les Hébreux, en Grèce, en Macédoine et à Rome; recherchons son introduction et ses progrès en France.

La première organisation des Gaules nous indique l'existence de clans, c'est-à-dire la reconnaissance d'un chef entouré d'une population qui avait le droit héréditaire de vivre sur ses domaines, à la double charge de les cultiver en temps de paix, et d'aller combattre avec le chef du clan en temps de guerre.

Le Code théodosien ne fut d'abord reçu que dans quelques provinces de la partie occidentale de l'ancien grand empire, qui était alors assujettie aux lois barbares des Huns, des Vandales, des Lombards ou des Francs. Cependant Ravennes, qui était gouvernée par les exarques de Constantinople, l'avait conservé, et, grâce à sa profonde sagesse, il fut successivement adopté par ces peuples. Le Code de Justinien ne fut connu en Occident qu'en 1137.

Les lois romaines, déjà modifiées par Alaric, se compliquèrent encore de celles des anciens clans, des lois particulières de chacune des nations barbares qui étaient venues s'établir dans la Gaule, et des usages ou des coutumes conformes aux mœurs et au génie de tous ces différents peuples.

C'est ainsi qu'on explique le mélange de droit romain et de droit français, qui, depuis l'origine de la monarchie, s'est perpétué jusqu'à une époque contemporaine (le commencement de ce siècle).

Dans l'origine, la monarchie française fut donc régie par les lois saliques, celles des Ripuaires et des Allemands, par les coutumes et quelque lois particulières, et enfin par le Code théodosien, qui fit passer dans quelques parties de la Gaule les usages de Rome.

Les lois des Ripuaires publiées sous les premiers rois de France, comme lois de l'État, indiquent que les conventions se faisaient alors par lettres (*epistolæ*) ou qu'elles se prouvaient par témoins.

Les donations qu'on faisait à l'église sous Dago-
bert étaient constatées par une lettre que le donateur
écrivait devant six témoins, et qu'il déposait ensuite
sur l'autel, en présence du prêtre qui desservait
l'église donataire.

Des formules s'introduisirent à peu près à cette
époque : c'est le moine Marculfe qui les publia dans
un ouvrage aussi curieux que digne d'attention pour
ceux qui désirent connaître les usages d'alors. Ce livre
contient les formules des échanges, des ventes, des
testaments, des partages, des divorces, celles d'exemption de taxe de la juridiction laïque, les formes de
l'abandon du privilége d'immunité et du droit de justice, qui était déjà concédé quelquefois aux ecclésiastiques et même aux séculiers.

Dans une de ces vieilles formules, on voit celle
d'une donation faite à l'église pour le rachat de ses
péchés ; le donateur, pour en assurer l'exécution et
comme garantie sérieuse, y dévoue aux plus terribles
anathèmes celui qui y contreviendrait, en souhaitant
textuellement qu'il n'obtienne miséricorde que lorsque le diable l'obtiendra lui-même.

Le même auteur nous indique la manière de chan-
ger un alleu en fief ; on donnait sa terre au roi qui
la rendait au donateur et à ses héritiers en usufruit
ou bénéfice. Le prince accordait bien déjà des fiefs
héréditaires, qui n'avaient pas encore le caractère
d'inaliénabilité qui ne leur fut concédé que beaucoup

plus tard ; obligés de récompenser sans cesse , les souverains abandonnaient les terres, mais ils conservaient l'autorité.

Tous les actes dont nous venons de parler se faisaient ou par lettres comme nous l'avons dit, ou sous seings privés , ou devant notaire , puisque la 17° formule de Marculfe signale un testament public :

« Testamentum nostrum condidimus quod , illi » notario, scribendum commissimus. »

La 38° formule donne un exemple de donation qui, d'après la loi romaine, devait être vérifiée par le magistrat, ce qui s'appelait la mettre *apud acta ;* elle est portée par une lettre écrite devant témoins qui tous y ont apposé, en forme de signature, l'empreinte entière de leur main ou de leur gantelet après l'avoir préalablement noirci d'encre.

Cette dernière formalité seule nous indique que nous sommes encore à une époque de barbarie, mais bientôt les ténèbres se dissipent sous l'influence du génie créateur de Charlemagne. Il pose le premier en France les bases d'une organisation générale, à peu près semblable à celle qui a été créée mille ans plus tard par la loi du 25 ventôse an XI. Par un de ses Capitulaires de 803, il ordonne à ses envoyés *(missi dominici)* de nommer des notaires dans toutes les localités populeuses.

La numismatique vient ici confirmer cette première organisation qui reste encore, après dix siècles, liée à l'antique citadelle du Châtelet, l'une des plus anciennes juridictions du royaume. Les notaires de Paris qui dépendaient de cette juridiction, en conservèrent longtemps le titre, et après bien des transformations, ce vieux Châtelet se retrouve reproduit de nos jours dans un établissement qui en porte le nom, où se réunissent les notaires de la capitale, et qui occupe la place que lui assignent les plus anciennes chroniques.

Voici une légende sur son origine :

ARCIS PARISIACÆ ORIGO.

« *Jam prope lapsa novem, redivivo Cæsare, secla*
» *Ex quo structa fui quoad hunc pervenimus annum;*
» *Quod superest vitæ Deus ordinet et regat æque.*
» *Anno incarnationis octingentesimo* (DCCC) *in quo Karolus magnus*
» *Imperator et Augustus Romæ appellatus est.* »

» Neuf siècles se sont déjà écoulés, César étant
» ressuscité, depuis l'époque où j'ai été reconstruite
» jusqu'à celle où nous sommes parvenus. Pour ce
» qui me reste d'existence, Dieu y pourvoira dans
» sa justice. L'an de l'incarnation 800 où Charle-
» magne a été salué à Rome du titre d'Empereur et
» d'Auguste. »

Par un autre Capitulaire de 805, Charlemagne enjoignit aux évêques, aux comtes et aux abbés d'avoir chacun leur notaire, et c'est de là que date en France la première distinction des notaires en royaux, seigneuriaux et ecclésiastiques.

Il investit le premier ces fonctionnaires du droit d'imprimer à leurs actes les caractères de l'autorité publique, et les désigna énergiquement par ces mots : *Judices chartularii,* expressions d'une justesse si remarquable, que la loi de ventôse n'a fait que les traduire. Ainsi, dès le commencement de la monarchie, nous voyons surgir cette grande conception de l'unité de la législation et de l'organisation judiciaire, dont les rudiments ont germé pendant dix siècles avant de pouvoir naître viables et triompher des résistances et des préjugés des provinces diverses.

C'était cependant une pensée féconde et vivace, digne sœur de celle qu'enfanta le même génie lorsqu'il voulut joindre l'Océan et le Pont-Euxin ; mais il était dans les destinées de la France de n'obtenir cet immense bienfait d'unité que de la main de son second empereur.

Charlemagne et Napoléon viennent ici s'unir sans moyen dans nos esprits comme deux aurores brillantes qui se succèdent sans autre intermédiaire qu'une nuit sans éclat, sans autres souvenirs que ceux d'un long rêve sur les institutions féodales ; noble alliance des deux grands empereurs qui surent unir la force destructive mais glorieuse des conquérants à la puissance créatrice et bienfaisante du législateur.

C'est aussi dans les Capitulaires de Charlemagne que nous surprenons l'origine des dîmes; il y soumet le premier ses propres biens, sans cependant que ce grand exemple trouve d'abord beaucoup d'imitateurs.

Mais le Synode de Francfort vient donner un motif qui parut plus impérieux. On y affirma que lors de la dernière disette, les épis qui étaient entièrement vides, avaient été dévorés par les démons; qu'on avait entendu leurs voix et qu'ils reprochaient amèrement au peuple de n'avoir pas payé la dîme. Dès ce jour, elle fut ordonnée et payée régulièrement.

Il eût été digne des successeurs de Charlemagne de développer les pensées de vaste organisation qu'il avait semées avec tant de profusion, et de réunir, sous une même loi, le Gaulois et le Visigoth, le Franc et le Bourguignon, le Romain et le Ripuaire. Loin de là, toutes les traces de civilisations se perdent ou deviennent imperceptibles.

L'anarchie féodale, puissante parce qu'elle est organisée, grandit après la mort de Louis-le-Débonnaire, et détruit, par son activité dissolvante, le droit et les institutions de toutes sortes.

L'invasion des Normands, sous Charles-le-Chauve, produit de si grands ravages, que tout n'est que misère; tout est détruit, tout se perd, tout jusqu'à l'usage de l'écriture, et les conventions, comme dans les premiers âges, n'ont plus pour gardien que le souvenir. Les épreuves judiciaires, les combats

singuliers qu'on regardait comme le jugement de
Dieu, sont pour longtemps substitués à l'ordre judiciaire, et ces habitudes qui étaient en rapport avec
le caractère belliqueux de la nation, ont pris dans
nos mœurs de si profondes racines, que le duel est
encore considéré maintenant, sinon comme une nécessité, au moins comme une vieille et cruelle tradition, à laquelle il est, dans certains cas, fort difficile
d'échapper.

En voulant réprimer les évêques, Charles-le-
Chauve finit par leur prouver qu'il était sous leur
puissance; en cherchant un appui dans les grands du
royaume, il leur apprit qu'ils pouvaient balancer sa
puissance. Enfin, par les Capitulaires du 877, il
proclama l'hérédité des fiefs qui furent soustraits dès
lors au domaine des rois, et qui devinrent, sous l'influence et dans les mains des ducs, des comtes et des
barons, de petits états indépendants, au sein même
de la monarchie. Telle fut l'origine de cette vaste
féodalité que reflète constamment notre histoire, et
qui fut un peu modifiée par saint Louis, ébranlée
par Philippe-le-Bel, ruinée 600 ans plus tard par
Louis XI, que nous voyons renaître sous les guerres
religieuses, abattue de nouveau par Louis XIV et
Richelieu, et dont les dernières convulsions se tra-
duisirent sous Louis XV par des symptômes nouveaux
et vivaces, mais impuissants devant le frein de la
révolution et des idées nouvelles.

Alors tout est seigneur ou serf; les maîtres des francs-alleux s'en dépouillent entre les mains des seigneurs ou de l'église pour les recevoir ensuite, à titre de fiefs, avec les obligations du service féodal; et comme les biens de l'église sont les plus respectés, c'est elle qui voit augmenter le plus rapidement le nombre de ses feudataires.

Pendant ce temps, les moines et le clergé, forts de l'ignorance absolue des laïques, réunissent l'autorité temporelle à la puissance spirituelle. Ils s'emparent de toutes les affaires, règlent les actes publics, et surtout les mariages et les testaments. Nous verrons que, pour ces derniers actes, cette habitude s'est perpétuée jusqu'au xviiie siècle.

Ce sont les abbés qui rédigent les quittances des sommes qu'on devait alors léguer à l'église, sous peine d'être privé de communion et de sépulture, ou qui étaient prélevées sur les nouveaux époux, qui ne pouvaient pas coucher ensemble les trois premières nuits de noces sans en avoir acheté la permission.

Un auteur observe avec la malignité du chroniqueur : « C'était bien ces trois nuits-là qu'il fallait » choisir, car pour les autres on n'aurait peut-être » pas donné grand'chose. »

Il en est de même des donations : elles sont dressées, pour ainsi dire, par le donataire lui-même. Les chartres de Cluni indiquent que c'était Odon, second abbé, qui recevait celles qui étaient faites à cet établissement réformiste, dont les richesses s'augmentèrent si rapidement.

Les lois contribuent elles-mêmes à réunir les biens dans les mains des établissements religieux. Les moines sont appelés aux successions de tous leurs parents, tandis que les séculiers sont inhabiles à succéder à ceux de leurs proches qui sont engagés dans les ordres ; ainsi fut méconnue la plus juste comme la plus légale réciprocité, après que le clergé eut substitué à la sagesse tempérée des lois romaines, les règles inflexibles du droit canonique, embarrassé des décisions des papes, surchargé des fausses décrétales du moine Isidore, le tout assaisonné des doctrines de tous les pères de l'Eglise.

Lorsque la grande question des bénéfices, qui agita si violemment les deux premières races de nos rois, eut enfin reçu une solution, un simulacre d'organisation reparut. Le premier fractionnement de propriété, créé par l'établissement des fiefs, fut la source de transactions qui ne tardèrent pas à s'augmenter par suite des affranchissements.

Excités au travail par l'appât d'un bénéfice particulier, les serfs affranchis ou les demi-serfs (car on voit alors des degrés dans la servitude), se chargent directement de la culture des terres, moyennant certaines redevances. Nous rencontrons alors les actes nécessaires à cette organisation ; l'emphytéose, les baux à complant, à cens ou à rente qui remontent à 1089 ; et, plus tard, tous ces contrats d'abandon partiel, qui furent inspirés par les besoins et même par la générosité de l'aristocratie féodale, qui répandit avec profusion les concessions foncières, mobile vigoureux qui, en provoquant les soins actifs des travailleurs, hâtait les progrès de l'agriculture et le bien-être des classes inférieures.

Quant au notariat, il reflète tous les changements qui s'opèrent ; il est exercé d'abord par des personnes instruites, rédigeant en latin, et choisies par le souverain ou les seigneurs, en exécution des lois de Charlemagne ou de Rome ; ensuite, le clergé en usurpe toutes les fonctions. Plus tard, il se confond avec la magistrature, et les deux juridictions volontaire et contentieuse sont exercées indistinctement par la même personne. De là, cette confusion du magistrat et du tabellion, du notaire et du greffier, du garde-note et du garde-scel qui, malgré les efforts et les ordonnances de nos rois, s'est perpétuée jusqu'à Henri IV.

Dans le but d'accroître leurs ressources financières, les seigneurs, les sénéchaux et les baillis affermaient séparément les charges de notaire, de tabellion et de garde-notes ; le notaire rédigeait le contrat, l'acte qui le contenait était ensuite remis au tabellion pour l'expédier, après quoi la conservation de la minute était confiée au garde-notes.

Nous touchons maintenant à une autre époque ;

nous avons commencé le douzième siècle. Le principe
de liberté qui s'est développé sous la double influence
des idées religieuses et monarchiques, trouve sa première application dans l'affranchissement du gouvernement municipal, proclamé sous Louis-le-Gros. Ces
premières bases politiques ont fait renaître les transactions sur la propriété, dont la garantie est assurée
par le droit d'appel auprès des juges royaux, des
sentences rendues par les officiers des seigneurs.

D'autres causes sérieuses de développement et de
mutation se produisent encore à la même époque.
Les croisades donnent une activité nouvelle aux institutions et au mouvement de la propriété. Cette activité se traduit, dans le domaine des lettres, par les
chants poétiques des troubadours qui deviennent plus
malins; dans celui des sciences, par l'établissement
des écoles dans les monastères, des collèges et des
corps de l'université, qui dissipent peu à peu les ténèbres et la vaine métaphysique sur laquelle repo-
saient les sciences d'alors; dans les relations financières, les guerres éloignées motivent des emprunts
et des aliénations, et c'est de cette époque que date
le contrat d'engagement qui, suivant l'expression de
d'Aguesseau, était plutôt une vente à réméré qu'une
antichrèse, et dont l'usage fut porté jusqu'à l'abus
par les princes et les seigneurs, pour faire face aux
frais de leurs excursions sur la Terre sainte.

Ajoutons à ces causes influentes le bannissement

des juifs et la confiscation de leurs biens sous Philippe II, qui, en augmentant d'autant la fortune publique, vint donner un nouvel essor aux transactions, et nous ne serons pas surpris des progrès qui vont être constatés sous saint Louis.

Il lui était réservé d'établir, après les temps barbares que nous avons parcourus, une législation qui pût ramener l'ordre et la justice. Il accomplit cette grande mission en publiant un code, précieux monument de son zèle, connu sous le nom d'Etablissements de saint Louis.

Le notariat fut une des branches de la justice qui fixa surtout sa sollicitude. En 1256 il rendit une ordonnance qui défendit aux détenteurs d'offices de les vendre sans un congé royal ; c'était là un empiètement sur les droits des seigneurs, une première tendance vers la centralisation, une disposition qui annonçait de loin la vénalité au profit du roi.

En 1270 il créa soixante notaires à Paris, en titre d'office, pour recevoir les actes de la juridiction volontaire, et leur donner la force et le caractère de l'autorité publique. Notons ce premier acte législatif, trop souvent perdu de vue, puisqu'il réunit dans les mains des notaires de Paris, mais d'eux seuls, il est vrai, le double titre de notaires et de tabellions, les deux qualités nécessaires pour la rédaction du contrat original, et la confection des copies ou des grosses exécutoires. Jusque-là, en France comme à Rome, ces deux qualités avaient toujours été séparées, elles avaient fait l'objet de deux fonctions distinctes.

Saint Louis imposa à ces nouveaux fonctionnaires plusieurs obligations que lui dicta sa prudence; il leur ordonna :

1°. D'être assidus dans leurs fonctions ;

2°. De ne recevoir aucun acte que dans le Châtelet, disposition qui semble empruntée à la loi romaine, qui prescrivait aux argentarii d'exercer sur la place publique ;

3°. D'être toujours deux pour recevoir un acte, et de le porter ensemble au scelleur qui devait y apposer, sous l'autorité du prévôt de Paris, le sceau de la juridiction du Châtelet.

Voici plusieurs lignes de démarcation bien tranchées; la juridiction volontaire est légalement séparée de la juridiction contentieuse, et elle ne s'y rattache plus que par la formalité du sceau. Le notariat nous offre donc déjà le tableau de ses deux principaux caractères, puisque les officiers revêtus de cette charge attribuent à leurs actes la double empreinte de la forme publique et de l'autorité de la justice.

Ces lois ne furent pas générales, parce que les seigneurs possédaient encore leurs fiefs indépendants ; de plus, la distinction établie entre les deux juridictions n'était ni assez précise ni assez forte pour éviter les conflits ; ils se produisirent, dès le règne suivant, d'une manière sérieuse, et ils ne furent réprimés qu'en 1302 par Philippe-le-Bel, dont le règne mémorable rappelle à tous les esprits l'avénement des chevaliers de Malte, la suppression et la mort des templiers. Ce prince profita des immenses progrès qu'il avait fait faire au pouvoir royal, et des bases fixées par saint Louis, pour organiser régulièrement le notariat dans tous les domaines de la couronne, qui s'étaient successivement accrus de Lyon, Bayonne, Toulouse, la Guyenne, le Poitou et l'Auvergne. Après avoir confirmé dans leurs charges les soixante notaires de Paris par douze lettres patentes, il déclara, en 1302, qu'il se réservait seul le pouvoir de créer les offices; il conserva cependant le droit de tabellionage aux seigneurs châtelains et à tous ceux qui avaient, à cet égard, un privilége spécial, par titre ou possession immémoriale, car son ordonnance porte :

« *Nolumus tamen quod prelatis, baronibus et* » *omnibus aliis subditis nostris, qui de antiquâ* » *consuetudine in terris suis possunt notarios fa-* » *cere, per hoc, prejudicium generetur.* »

Par une autre ordonnance de 1304, il obligea les notaires à transcrire les actes qu'ils recevaient sur des registres appelés cartulaires ou protocoles; mais par une exception toute spéciale, et dont nous retrouverons de nombreux exemples, cette obligation ne fut pas imposée aux notaires de Paris, qui continuèrent à délivrer les contrats en brevets ou biefs jusqu'au règne de Charles VII.

A cette époque l'on suivait encore les traditions romaines, et ce n'étaient pas les notes du cartulaire ou du protocole, remplaçant les *schedæ* de Rome, qui faisaient foi, mais bien la grosse *(completio contractus)* qui était rédigée sur ces notes, qu'on bâtonnait après sur le registre.

Philippe-le-Bel s'occupa aussi d'assurer la capacité des notaires ; il voulut qu'ils ne fussent reçus qu'après une rigoureuse information : « *Per informationem » reperti fuerint habiles et idonei in scripturâ et » scientiâ quam ipsius officii cura requirat.* » Il leur ordonna de ne s'immiscer dans aucun métier ni art mécanique, sous peine d'être privés de leurs charges, et créa, en faveur des fils des notaires, une préférence sur tous autres pour occuper les fonctions de leurs pères, pourvu qu'ils en fussent dignes et capables.

Après ces ordonnances réglementaires, les notaires de Paris s'organisèrent en *confrérie* et rédigèrent des statuts qui furent ratifiés par lettres patentes datées de Fontainebleau en 1308, et confirmés sous le règne suivant.

Nous avons prononcé le mot de confrérie avec intention, car les notaires d'alors étaient ecclésiastiques ou clercs et soumis à une espèce de vie conventuelle, puisqu'un édit de 1300 les obligeait à chanter la messe et les vêpres en commun, et qu'il punissait d'une amende celui qui, sans excuse légitime, venait à la messe après le premier *Kyrie*, et aux vêpres après le *Gloria* du premier psaume.

Philippe V, dit le Long, qui rendit de si sages ordonnances, s'occupa en même temps du notariat et de la division des pouvoirs spirituels et temporels.

Après avoir, en 1319, exclu les prélats du parlement et restreint un peu dans ses limites la juridiction ecclésiastique, il ordonna le premier que les actes des notaires seraient scellés. Cette formalité n'était pas nouvelle, mais elle était précédemment exercée par les greffiers; elle fut depuis affermée comme les autres dépendances du tabellionage. Elle a été prescrite de nouveau en 1557, 1558, 1571, 1595, 1618, 1619, 1620, 1633, 1639, 1640 et 1696.

La même année (1319), le roi renouvela, d'une manière très-formelle, la déclaration qui comprenait les tabellionages dans son domaine. Cette réclamation ne fut ni entendue, ni exécutée dans toutes les parties du royaume, puisqu'un arrêt rendu par le parlement le 31 juillet 1543, plus de deux siècles plus tard, reconnaissait, ainsi que l'attestent Bacquet et Loyseau, que le roi ne pouvait pas alors établir des notaires dans les localités où les seigneurs avaient le droit de tabellionage ou de notariat.

Philippe V avait donc cherché à étendre encore le privilége proclamé en faveur du prince par saint Louis et Philippe-le-Bel; mais l'influence des mœurs et le

respect des droits acquis, le restreignirent dans les
termes de l'édit de 1302. Il était alors si difficile, si
dangereux quelquefois de rompre avec le passé, que
Philippe V fut le premier à porter, sous la forme
d'une exception de tolérance, une atteinte grave à
la généralité des termes de son ordonnance. En effet,
sur les remontrances des barons et des habitants
d'Auvergne, il consentit à ce que les notaires royaux
ne fussent jamais admis à résider, ni à exercer leurs
fonctions dans le ressort du bailliage de cette pro-
vince.

« *Item volumus et concedimus eisdem quod ex*
» *nunc, in aulea, nullus autoritate nostra notarius*
» *publicus sit in dictis Ballivia et ressorto, aut*
» *fungatur in eisdem officio notarii publici quoquo*
» *modo.* »

Nous n'avons rien à coter sous les premiers rois
de la branche des Valois.

Abandonnons un instant la trame historique pour
reconnaître et définir les différents officiers qui remplissaient alors les fonctions du notariat. Il y en avait
de trois classes différentes : les notaires royaux
nommés par le roi, qui prenaient les titres de clercs-
notaires du roi notre sire, ceux des seigneurs, et les
notaires apostoliques ou ecclésiastiques.

Les notaires royaux de Paris avaient pour ressort
la capitale et tout le royaume soumis à l'obéissance
du souverain dont ils tenaient leurs provisions ; ce

droit leur avait été reconnu dès l'origine de la monarchie.

Les notaires d'Orléans et de Montpellier jouissaient
d'un privilége presque aussi étendu, puisqu'ils pouvaient instrumenter sur tout le territoire, Paris excepté, en vertu de trois déclarations de 1512, 1519
et 1544 (*Despeisse*, t. 3, p. 191).

Le ressort des autres notaires royaux était circons-
crit au territoire de la juridiction dont ils dépendaient,
et auprès de laquelle ils étaient immatriculés; au-
delà, ils n'avaient plus ni droit, ni caractère.

Ainsi, les notaires reçus dans une ville où il y
avait un bailliage ou une sénéchaussée, avaient le
privilége exclusif d'exercer dans leur résidence, et le
droit de concurrence dans tout le ressort avec les notaires des prévôtés ou des autres juridictions qui
dépendaient du siége principal.

Les notaires royaux ne recevaient encore, au
xv° siècle, que les minutes des contrats; c'étaient
les tabellions qui les grossoyaient, le garde-scel qui
devait les sceller, et leur conservation appartenait
au garde-notes.

Nous verrons successivement les notaires royaux
obtenir le bénéfice de non dérogeance, l'exemption
du logement des gens de guerre, celle de toute tutelle, curatelle et autres charges publiques, le privilége d'être eux et leurs biens sous la sauvegarde
du roi, celui de garde-gardienne et de *committimus,*

le droit de franc-salé, et enfin, mais pour les uns seulement, la dispense du contrôle et de l'insinuation.

Les actes de leur ministère étaient ceux de la juridiction volontaire; plusieurs ont été distraits du domaine du notariat, tels étaient les procès-verbaux d'interdiction, de faillite, les sentences arbitrales, les inventaires de situation des comptables, les délibérations de créanciers, les ordres, les distributions de deniers, etc.; d'autres au contraire exigent nécessairement aujourd'hui l'intervention du notaire, et de ce nombre sont : les comptes judiciaires entre cohéritiers, les contrats emportant hypothèque conventionnelle, les donations, les contrats de mariages, etc. A l'égard de ces derniers actes, il n'est pas sans intérêt de rappeler ici que les fiefs étant devenus héréditaires, les seigneurs imposèrent leur consentement au mariage de ceux qui étaient appelés à les recueillir par succession; les contrats de mariage participèrent, dès lors, de l'organisation civile et féodale, et c'est de cette double participation et des conventions faites en conséquence sous l'autorité des suzerains que sont nées les dispositions sur successions futures autorisées par contrat de mariage; aussi, ces stipulations ne furent-elles d'abord permises qu'aux nobles et pour les biens soumis à un service féodal.

Les notaires des seigneurs étaient nommés par eux.

En règle générale, le droit d'investir d'une charge publique n'appartient qu'au roi, surtout lorsque cette charge confère le privilége (qui existait déjà depuis saint Louis) de donner aux actes la forme et l'autorité publiques. Saint Louis, Philippe-le-Bel et Philippe-le-Long l'avaient reconnu, et leurs prétentions étaient conformes aux principes généraux du droit et aux dispositions des lois romaines :

« *Potestas creandi notarios ad imperatorem sive* » *ad regem pertinet.* »

Les seigneurs n'usèrent donc du droit de tabellionage qu'en vertu d'une erreur puisée dans les dispositions coutumières et féodales, ou par suite d'une concession expresse ou tacite émanée de la toute puissance des rois, et dont l'origine peut trouver quelque appui dans le Capitulaire donné par Charlemagne en 805.

En fait, les comtes, les barons et les châtelains usèrent de ce droit et souvent d'une manière très-peu conforme à l'intérêt public. Jaloux de leurs prérogatives, ils conféraient le titre de notaire ou de tabellion à d'anciens serviteurs, à des commis à leurs gages, à des magisters, et à des personnes sans aucune aptitude même apparente, qui sollicitaient et acceptaient ces fonctions comme un accessoire lucratif à l'exercice des métiers de tous genres.

La révolution française a fait seule cesser cet abus, et nos doyens d'âge se souviennent encore d'avoir eu pour collègues des sabotiers, des charpentiers, des tisserands qui, doués d'une certaine intelligence naturelle, faisaient succéder avec une assez remarquable facilité le ciseau à la plume, le rabot à l'expédition, la navette au protocole.

Le droit de nomination était fort étendu, puisque le vicomte pouvait établir douze charges, le baron huit, le châtelain six, et, suivant quelques coutumes, beaucoup plus encore. L'abus fut porté si loin, qu'Henri III déclara, par un édit de 1582, que le nombre des notaires subalternes, dans chaque justice, ne pourrait pas dépasser celui des notaires royaux; or, ce nombre était encore très-considérable si l'on se rapporte aux dispositions des lettres patentes du 29 avril 1664 qui en déterminaient le nombre.

La question du ressort a toujours été rigoureuse pour les notaires subalternes, et leur district ne pouvait avoir plus d'étendue que la juridiction seigneuriale dont ils dépendaient.

Dans les premiers temps, la validité de leurs actes exigeait trois conditions principales.

Le contrat devait être reçu dans un lieu dépendant de la juridiction; les biens qu'il avait pour objet devaient en dépendre, et les contractants devaient y être domiciliés.

Plus tard, les actes furent déclarés valables, pourvu que l'un des intéressés fût justiciable du seigneur.

Enfin, par extension de la maxime *locus regit actum*, l'on prétendit que les notaires des seigneurs pouvaient recevoir des actes pour toutes personnes, pourvu que ce fût dans un lieu de la juridiction dont ils ressortissaient.

Les trois conditions dont nous avons parlé devaient être cependant rigoureuses, et si quelques arrêts se sont éloignés de ces principes, c'est par respect pour des conventions librement consenties, car elles furent toutes rappelées par l'édit de 1705.

Les notaires apostoliques étaient très-anciennement des personnes chargées par le souverain Pontife de consigner les événements catholiques. Le pape Fabian qui tenait le siége en 236, fut le premier qui nomma des notaires pour dresser actes de toutes les choses ecclésiastiques, recueillir les actes des martyrs et constater l'état de leur sépulture.

Ces fonctions prirent ensuite un certain accroissement à la faveur du ministère sacerdotal, et les notaires apostoliques furent admis à constater les pouvoirs nécessaires à la résignation des bénéfices entre les mains du pape, les démissions de patronages laïques, les présentations de patrons, l'érection des canonicats, les cessions et permutations de bénéfices, les baux des dîmes, les significations de lettres d'indult, les procès-verbaux des bénédictions pontificales, l'établissement des monastères, les fondations de processions, les actes relatifs aux commanderies, aux évêchés, aux prébendes, etc., et généralement tous ceux qui avaient rapport à la juridiction ecclésiastique ou à la discipline de l'Eglise.

Ils procédaient aussi exclusivement aux informations préalables, à la nomination aux évêchés, aux grands bénéfices et au titre de chevalier de Malte.

Ces informations étaient de véritables procès-verbaux d'enquête sur la naissance, la religion, l'âge, la vie, les mœurs, les doctrines, la profession, la gravité et la prudence des candidats. Lorsqu'il s'agissait d'un évêché ou d'un grand bénéfice, ces actes étaient requis par le nonce du pape en exécution des décrets de la Cour de Rome et des dispositions du concile de Trente, et rédigés par les notaires apostoliques, sur les déclarations des évêques, des seigneurs et des autres grands dignitaires de l'Etat.

Les témoins produits pour arriver à l'information devaient aussi s'expliquer catégoriquement sur l'état de l'église qu'il s'agissait de pourvoir, sur sa situation, son étendue et ses dépendances ; ils devaient savoir par combien d'habitants elle était ordinairement fréquentée, de quel domaine elle dépendait pour le temporel, sous l'invocation de quel saint elle était placée, quelle était son architecture, de quel archevêché elle dépendait, ou combien il y avait d'évêques suffragants lorsque c'était un archevêché.

L'enquête s'étendait aussi au nombre des dignités et des canonicats des prêtres et des clercs de l'église, aux revenus de chaque bénéfice, à l'état de la cure, des fonts baptismaux, de la sacristie, et enfin à l'origine des corps saints et des reliques qui y existaient.

Tous ces détails étaient exprimés avec une minutie et une diffusion qui se reflètent nécessairement ici, et c'était probablement par forme d'antithèse, que ces contrats d'enquête sans réserves ni restrictions commençaient par ces mots : a comparu un tel, discrète personne, *discretus magister*.

Les informations préalables, au titre de chevalier de Malte, avaient aussi leurs particularités.

L'aspirant devait se présenter à l'hôtel prieural, pendant l'une des séances que tenait le chapitre provincial de l'ordre, le jour de Saint-Martin ou le jour de Saint-Barnabé ; là, il était admis à faire preuve de sa légitimité et de sa noblesse, et entr'autres titres, il devait apporter l'arbre généalogique qui constatait seize quartiers de noblesse où étaient peintes en vélin ses armes et celles de ses ancêtres, et les titres de famille tels qu'aveux de dénombrement, de foi et hommage, lettres de provisions et brevets de dignités.

Sur le vu du mémorial, le chapitre des chevaliers nommait deux commissaires qui procédaient à l'enquête devant deux notaires apostoliques, après leur

4

avoir fait prêter serment sur les saints Evangiles, de rédiger fidèlement le procès-verbal.

Parmi les questions sur lesquelles les témoins devaient s'expliquer, nous devons rappeler celles relatives aux ascendants des deux branches du candidat, aux sommes qu'il pouvait devoir, aux fautes qu'il pouvait avoir commises, à son état intellectuel et physique.

Nous avons dû coter ces preuves en considération de notre propre pays; car l'ordre était divisé en huit langues ou nations, parmi lesquelles figurait l'Auvergne; chaque langue avait son chef qu'on désignait sous le nom de pilier ou de bailli conventuel, et celui de la langue d'Auvergne avait droit à la seconde charge, celle de grand maréchal. Le premier rang était réservé au chef de la Provence d'où était originaire Gérard, instituteur, et premier supérieur de l'ordre.

Les notaires apostoliques étaient nommés par les évêques ou les archevêques qui abusèrent également de ce droit et du choix qu'ils firent de ces officiers. Nous en trouvons la preuve dans l'édit de 1547, par lequel Henri II ordonna à ses baillis et à ses sénéchaux de réduire les notaires apostoliques, au nombre qui serait jugé suffisant pour le service public.

Par un autre édit de 1550, le roi voulut qu'ils fussent préalablement examinés pour justifier de leur

capacité et que leur ressort ne pût s'étendre au-
delà de leur diocèse.

D'après les usages admis et confirmés par les ordonnances de 1535, 1536 et 1636, ils ne pouvaient
faire aucun acte en matière purement civile, ni aucun
traité sur les choses temporelles et profanes.

Les notaires apostoliques se crurent toujours si
indépendants du pouvoir temporel, qu'ils ne se sou-
mirent à aucune des ordonnances réglementaires qui
les concernaient. Celles de 1637 et 1646 qui leur
enjoignaient de conserver en minute les procurations
qui autorisaient les résignations de bénéfices, ou les
révocations de ces procurations, ne furent jamais
exécutées malgré la nécessité qui les provoqua.

Ces actes demeuraient au pouvoir des parties, et
par suite, les titres des bénéfices étaient incertains
entre le résignant et le résignataire, et ne vaquaient
ni par la mort de l'un, ni par celle de l'autre ; ils
profitaient au contraire presque toujours au survi-
vant qui, selon ses intérêts, justifiait ou non, soit de
la procuration qui autorisait la résignation, soit de
sa révocation.

Cet abus, joint à d'autres non moins évidents,
donnèrent lieu à l'édit rendu par Louis XIV, en
1691, qui enleva aux évêques le droit de nommer
des notaires. Pour remplacer les titres ecclésiastiques
supprimés, le roi érigea des offices de notaires
royaux qui furent confiés à ceux des notaires apos-

toliques établis déjà, et qui ne furent pas supprimés en vertu de la limitation portés par le même édit.

Dès ce jour, on ne reconnut plus de notaires apostoliques proprement dits, et ce furent les notaires royaux qui en remplirent les fonctions.

Outre les trois classes de notaires que nous venons de désigner et qui usurpaient souvent leurs fonctions respectives, les greffiers et tous les officiers de justice empiétaient encore continuellement sur les fonctions notariales ; les curés, les prêtres et tous les officiers municipaux conservaient aussi, dans les pays coutumiers, le droit de recevoir, comme personnes publiques, les actes de dernière volonté, et ils en jouissaient encore, en 1735, puisqu'un édit du mois de mai, de cette année, leur enjoignit de déposer les testaments qu'ils recevaient entre les mains des gardes-notes, dans les huit jours du décès du testateur.

Cet exposé démontre combien était encore entière la confusion qui régnait alors.

Nous avons fait connaître maintenant les divers officiers publics qui remplissaient les fonctions du notariat, reprenons la chaîne chronologique où nous l'avons abandonnée, sous Charles V, qui sut rétablir l'ordre dans le royaume et conquérir le nom de Sage. L'un de ses premiers soins fut de confirmer tous les magistrats dans l'exercice de leurs charges. Cette formalité habituelle était surtout nécessaire

après les événements qui avaient précédé ce règne ;
et il y avait encore un désordre si complet dans les
juridictions, que les seuls enfants de chœur du Puy
en Velay s'arrogèrent à cette époque le droit de
juger les juifs, qu'ils condamnèrent à l'amende. Des
abus semblables se produisaient fréquemment ; ils
furent tous réprimés par une ordonnance de 1371.

Le règne de Charles VI ne rappelle guère que des
scènes lugubres : la régence du duc d'Anjou, les ré-
voltes pour les impôts, l'état mental du souverain,
ne pouvaient ni hâter les progrès, ni contribuer aux
améliorations. Cependant, l'année même de la ter-
rible querelle entre les ducs d'Orléans et de Bourgogne, qui divisa la France entre les Bourguignons
et les Armagnacs, en 1411, Charles VI accorda à
tous les notaires de provinces des lettres de sauvegarde
et de garde gardienne, qui les placèrent, eux et leurs
biens, sous la protection royale ; et comme signe de
cette faveur spéciale, dont les notaires de Paris jouissaient depuis longtemps, il les autorisa à placer sur
leurs maisons et sur leurs biens des panonceaux
royaux, afin que « *nul ne puisse s'excuser d'igno-*
rance. » Son but était de protéger ces officiers contre toute atteinte, de leur éviter le soin de venger
leurs querelles, de défendre leurs droits et de les
mettre ainsi en position de consacrer tout leur temps
au service des affaires publiques.

Les panonceaux subsistent encore ; mais les notaires les conservent aujourd'hui plutôt comme un témoignage extérieur de la protection accordée aux contrats que comme signe d'un privilége suranné aboli comme tous les autres par les révolutions françaises.

Les désastres du règne de Charles VII, suspendus un instant par Jeanne-d'Arc, et définitivement arrêtés par l'intervention du duc de Bourgogne, n'arrêtent pas les progrès de l'institution qui nous occupe; elle continue à s'améliorer avec le gouvernement et les mœurs. Des lettres patentes de 1437, signées du duc de Guienne, qui partageait alors avec la reine l'exercice du pouvoir royal, confèrent à tous les notaires le titre de garde-notes et ordonnent qu'à l'avenir ceux du Châtelet de Paris conserveront leurs actes sur des registres qui passeront à leurs successeurs. Jusque-là, tous les actes avaient été remis en brevet au plus intéressé, sauf à les faire régulariser ensuite.

Cette disposition réglementaire ne fut pas exécutée; aussi la verrons-nous renouveler par Louis XII, en 1510, et par François Ier, dans l'ordonnance de Villers-Cotterets.

Nous avons à coter ici une innovation beaucoup plus remarquable; c'est sous ce règne que les laïques commencèrent à s'introduire dans les charges publiques, qui avaient été occupées jusqu'alors par les clercs (clerici), que leur éducation rendait seuls aptes à les exercer, mais qui n'étaient pas toujours engagés dans les ordres. Il y avait de simples clercs vivant en ecclésiastiques *(clericaliter viventes)*. Ils avaient la tonsure, portaient l'habit, et jouissaient des priviléges des ecclésiastiques, pourvu qu'ils ne fussent point mariés.

Louis XI comprit le premier que les offices de judicature ne devaient pas être enlevés à leurs titulaires et que la nomination à vie serait une des plus fermes garanties de leur exactitude et de leur probité. Ces principes, maintenus par la loi de ventôse an XI, résultent d'une ordonnance qui prescrivit qu'on ne donnerait plus aucun office, à moins qu'il ne fût vacant par mort, résignation volontaire, ou pour cause de forfaiture.

Plus tard, Charles VIII profita des progrès du pouvoir royal et des atteintes portées à l'autorité sacerdotale par les conciles de Constance et de Bâle, pour faire cesser l'usage abusif qui permettait aux ministres de la religion d'exercer les diverses fonctions de l'Etat et de les cumuler avec le sacerdoce. En 1490, alors que les laïques avaient à peine un demi-siècle de noviciat dans l'exercice des charges publiques, ils furent admis à occuper seuls celles du notariat, et l'on défendit aux prêtres et à tous les religieux de les exercer à l'avenir. C'était un premier privilége concédé à l'ardeur impatiente du Tiers-Etat, dont les vœux et l'ambition ont souvent devancé son aptitude et ses progrès. Cette défense ne s'appliquait pas aux actes de dernières volontés , puisqu'ils continuèrent d'être reçus par les curés ou leurs vicaires.

Trois ans plus tard , en 1493, le roi sépara les greffes et les notariats des offices des prévôts et des baillis , pour les réunir à la couronne et les affermer à son profit.

Du reste , Charles VIII s'occupa toujours particulièrement de la justice, et il hâta de tout son pouvoir la rédaction des coutumes ordonnée par son père et son aïeul , et qui ne fut cependant terminée que sous Charles IX.

Louis XII suivit les mêmes errements ; dès son avénement au trône , il s'appliqua à diminuer les frais de justice.

Par son ordonnance sur la réforme de la justice, donnée à Lyon en 1510, il réduisit le nombre des notaires, qui, porte cette ordonnance, « s'est accru » dans une proposition effrénée , et s'est recruté, à » défaut d'examens préalables, parmi toutes sortes » de gens. »

Pénétré de cette pensée fort juste , que le nombre des officiers publics, lorsqu'il est hors de proportion avec les besoins du service , est un malheur pour les peuples, et qu'il devient alors la source d'un impôt, inappréciable à cause de son élasticité, injuste parce qu'il est toujours mal réparti , ruineux à défaut de moyens répressifs convenables , il fixa pour l'avenir le nombre de ces officiers , et déclara que ses baillis

et ses sénéchaux ne pourraient nommer les nouveaux
titulaires qu'après qu'il aurait vu lui-même les informations ; il renouvela aussi l'ordre formel « de faire
» bons et suffisants registres des contrats , et iceux
» mettre en ordre , fors et excepté les notaires du
» Châtelet de Paris. »

Après avoir confirmé au profit de ces derniers le
droit d'instrumenter dans tout le royaume et celui
de garde gardienne , il provoqua un arrêt de règlement qui décida que le choix des notaires pour la
réception des inventaires appartenait aux parties intéressées , et non pas aux tribunaux , ni à aucune
autre autorité.

Voici une innovation plus grave : Le trésor était
épuisé par les guerres d'Italie ; et cependant le père
du peuple cédait encore au désir de diminuer l'impôt ;
il eut alors recours à une ressource dangereuse , en
autorisant la vénalité des charges ; toutefois , il ne
l'étendit pas à la magistrature , et ce ne fut que sous
le règne suivant qu'on la toléra sur le conseil du chancelier Duprat, sans jamais l'autoriser formellement.

Sous François Ier, les réformes notariales mar-
chent à l'égal de celles de Luther, et les améliorations
qui s'introduisent sont empreintes d'une si grande
sagesse , qu'elles se sont pour la plupart perpétuées
jusqu'à cette heure, après avoir subi la double épreuve
de l'expérience et des examens scrupuleux des législateurs.

En 1535, on prescrivit deux formalités importantes : la lecture des actes aux contractants pour qu'ils fussent les premiers juges de la sincérité de l'expression de leurs consentements, et la nécessité de leur signature comme approbation définitive. Jusque-là, les notaires avaient signé seuls les contrats.

Ces deux précautions, consignées dans l'ordonnance de Blois et dans celle d'Orléans, ont été conservées par la loi de ventôse, et témoignent de l'autorité qu'on accordait déjà aux actes notariés.

En 1539, parut la célèbre ordonnance de Villers-Cotterets, qui fut motivée par une anecdote singulière.

On rapporte qu'un seigneur fit sentir à François Ier, bien capable de le comprendre, l'abus d'écrire en barbarismes inexplicables les arrêts et les contrats, en lui rendant ainsi compte d'un procès qu'il venait de perdre :

« J'étais venu en poste, lui dit-il, pour assister
» à un jugement; à peine étais-je arrivé, que votre
» parlement m'a débotté. — Comment, reprit le
» Roi, débotté? — Oui, Sire, débotté; car voici
» les termes de l'arrêt : *Dicta curia debolavit et*
» *debolat dictum actorem*, etc. »

L'ordonnance de Villers-Cotteretsparut la même année. Elle ordonna que les jugements et les actes seraient rédigés en français, qu'ils seraient exécutoires par tout le royaume, qu'il en serait gardé mi-

nute , et qu'ils ne seraient communiqués qu'aux
parties intéressées. Cette ordonnance, qui forme un
code complet, réglait encore les honoraires, l'intervention du notaire en second, la délivrance des se-
condes grosses, les peines encourues en cas de con-
travention.

Les notaires de Paris exécutèrent rigoureusement
ces dispositions ; et en témoignage de sa satisfaction,
le roi, par lettres patentes du 1er septembre 1541,
les dispensa de l'obligation d'écrire eux-mêmes leurs
actes et les copies qu'ils en délivreraient.

Par un autre édit de 1542, il créa de sa pleine
puissance dans chaque juridiction, des tabellions
pour grossoyer les actes. Cet édit compromettait les
intérêts des notaires du Châtelet qui, depuis saint
Louis, jouissaient des droits d'expédition en vertu
du double titre de notaire et de tabellion qu'ils
avaient alors réuni. Sur leurs réclamations, ce privilége leur fut conservé, par une déclaration, inter-
prétative du 6 juillet 1543, confirmée par lettres
patentes du 11 décembre suivant. Ces dernières
lettres déclarèrent que (Paris excepté), les fonctions
de notaire seraient partout ailleurs incompatibles
avec celles de tabellion ; et les attributions respectives furent définies et limitées. Enfin, le 8 juin 1545,
François Ier renouvela la défense, déjà faite aux
ecclésiastiques par Charles VIII, d'exercer les fonctions du notariat. Toujours sévère sur ses préroga-

tives, le clergé avait échappé aux prescriptions de l'ordonnance de 1490, sous le prétexte qu'elles ne s'appliquaient qu'aux notaires subalternes, c'est-à-dire, à ceux nommés par les évêques ou les seigneurs.

Nous touchons aux guerres religieuses; en face de ce fléau, l'un des plus graves qui ait frappé le royaume, ne devrions-nous pas jeter un voile funèbre sur les couronnes sanglantes de François II, de Charles IX et d'Henri III, si, dès le premier de ces trois règnes, et à travers les lueurs et les barbaries de la guerre civile, nous ne voyions apparaître l'un des noms les plus glorieux et le plus justement vénérés de l'Auvergne, celui du chancelier de l'Hospital.

Le calme et l'espérance renaissent dans les esprits, sous l'influence du souvenir, de la fermeté sévère, de la profonde sagesse de cet intègre et immortel magistrat. Grâce à son immense mérite, joint à un amour passionné pour la justice, nos regards détournés du sombre tableau des massacres et des cruautés, pourront s'arrêter avec orgueil sur les lois riches de précision et de majesté, qui, par une sorte de dédommagement, datent de ces époques désastreuses.

Rappelons donc l'ordonnance d'Orléans, de 1560, qui réduisit encore le nombre des offices et fixa à 25 ans l'âge exigé pour l'investiture; celle de Moulins, de 1566, qui apporta de si sages réformes dans l'administration de la justice, et un arrêt de règlement, de 1567, qui défendit très-expressément aux notaires de se dessaisir de leurs minutes sous aucun prétexte.

Pour assurer l'entière exécution de cet arrêt, en 1575, Henri III créa dans tous les siéges royaux, des gardes-notes destinés à recevoir et à conserver les minutes des démissionnaires et à en délivrer des expéditions au besoin. Par suite de la confusion des juridictions, c'étaient les greffiers qui recevaient précédemment ces dépôts et qui en délivraient et certifiaient les copies. De plus, en regard des excès de cette époque, et pour mettre les contrats à l'abri de toute atteinte, le même édit prononça, au profit des notaires, l'exemption du logement des gens de guerre, et celle de toutes tutelles, curatelles, établissement de commissaires et autres charges publiques.

Les gardes-notes dont nous venons de signaler la création, avaient le droit de recevoir des actes dans une certaine limite. Ces nouveaux fonctionnaires éveillèrent bientôt les susceptibilités des notaires du Châtelet, habiles à profiter du crédit que leur donnaient leur position et leurs rapports journaliers ; ils sollicitèrent la réunion du titre de garde-notes à ceux de notaire et de tabellion qu'ils avaient déjà, et leur réclamation fut accueillie par lettres patentes du 12 décembre 1577, qui confirmèrent les exemptions portées par l'édit de 1575.

En 1579, et par l'ordonnance de Blois, qui rap-

pelle ces malheureux états où Henri III décréta la
guerre civile, le roi défendit à ses notaires de recevoir
les promesses de mariage qui sont presque toujours
arrachées à la faiblesse ou dictées par la passion ; et
il autorisa les héritiers de ces fonctionnaires, à faire
dresser, en cas de décès, l'inventaire de leurs biens,
par d'autres notaires de leur choix, sans être jamais
obligés d'y appeler les juges, les procureurs ou les
greffiers.

Ces dispositions indiquent une intelligence parfaite
des obligations des notaires qui ne ressortissent souvent que du for intérieur ; confidents nécessaires de
mille petits détails de famille, l'œil investigateur et
toujours sévère de la justice, peut être indiscret et
dangereux pour les notes et les écrits secrets déposés
dans ce sanctuaire sous le sceau et la foi de l'oubli.

Henri IV, devenu roi et chrétien, ne tarda pas à
accorder à tous les notaires le titre de tabellion et de
garde-notes qu'Henri III n'avait concédé qu'à ceux
du Châtelet par ses lettres patentes de 1577 ; et,
pour établir l'uniformité dans tout le royaume, par
un édit du mois de mai 1597, il supprima tous les
titres de notaire, de tabellion et de garde-notes qu'il
réunit définitivement au domaine de la couronne. Ces
trois fonctions distinctes, qui, jusqu'alors, avaient été
exercées et affermées séparément, furent confondues
dans la création de nouveaux offices qui devinrent
transmissibles et héréditaires.

Malgré la sage administration de Sully, cette mesure ne put pas recevoir son exécution dans tout le royaume, car les suppressions n'étaient opérées, sous ce gouvernement plein de sagesse et de prudence, qu'à charge de remboursement; et plusieurs tabellions n'ayant pu être indemnisés, ils continuèrent d'exercer leurs fonctions jusqu'en 1761, époque à laquelle tous les tabellionages furent presque complétement supprimés.

Jusqu'au siècle de Louis XIV, l'histoire ne nous indique plus de modifications bien importantes; il est utile cependant de rappeler divers arrêts de règlement dont les dispositions vigoureuses ont su conquérir l'autorité législative : celui du 9 mars 1585, relatif à la renonciation que les femmes pouvaient consentir du privilége que leur assurait le sénatus-consulte velléien, n'a plus aujourd'hui, sous ce rapport, qu'un intérêt historique; mais il est plus remarquable dans sa seconde disposition qui détruisit l'usage ridicule des *et cætera* qui remplaçaient souvent des clauses entières quoique habituelles dans la pratique.

Un autre arrêt, du 7 février 1612, décide que les notaires ne peuvent s'associer entre eux pour l'exercice de leurs charges; et celui du 15 février 1615 dit que cette défense n'est pas applicable, si l'association se réduit à deux notaires.

Cette dernière opinion n'est pas la nôtre; nous devons nous hâter de le dire, pour que cette citation n'égare aucun de ceux qui auraient la pensée d'y puiser une autorisation ou une excuse. Le notariat n'a rien de commercial ni de mercantile, puisque c'est une fonction publique, et nous pensons avec de plus capables, que toute association formée dans le but de mettre en commun le produit de l'ensemble des opérations d'une étude, serait illégale, contraire à l'institution et à sa dignité.

Mais l'arrêt du 15 février 1615 trouve son application dans l'association accidentelle de deux notaires pour la conclusion d'une affaire isolée et du contrat qui la réalise. Cette réunion fortuite n'a rien de blâmable ; elle est, au contraire, l'expression la plus sincère des vœux du législateur, la plus sûre garantie des contractants et des intérêts publics, puisque ce double concours favorise l'intelligence des volontés, l'exactitude de leur expression, et assure l'accomplissement sévère de toutes les formalités.

Du reste, elle est presque toujours le résultat d'un sentiment généreux de convenance et de parfaite confraternité que nous regrettons de ne pas voir se produire plus souvent, et que les clients devraient provoquer eux-mêmes toutes les fois que le même fonctionnaire ne réunit pas la confiance de tous les contractants.

Il existe un autre arrêt qui a pour l'Auvergne un caractère tout spécial de nationalité, et que nous re-

trouvons dans les registres de la cour des Grands-
Jours, séant à Clermont, le 10 décembre 1665. Il
veut que les minutes des notaires ne soient déposées
ni aux greffes ni dans les mains des héritiers, mais
bien :

« Es mains de l'un des autres réservés tel qu'on
» voudra choisir, qui s'en chargera par inventaire,
» dont un double sera remis au greffe de la justice
» du lieu. »

Louis XIII avoit créé 27 charges nouvelles au
Châtelet de Paris, par un édit de 1635 ; les fonctions de ces nouveaux titulaires étaient de contrôler
les actes et les expéditions des 113 notaires qui existaient déjà ; mais ils avaient aussi un droit de concurrence avec ces derniers. C'était la première fois,
depuis longtemps, qu'on dépassait le chiffre de 113 ;
aussi cette augmentation ne subsista-t-elle que jusqu'en 1639.

Ce nombre de 113 a été encore modifié un instant en 1673 et 1697 ; mais il est le seul qui se soit
maintenu jusqu'à présent. Il y a cependant 114 notaires à Paris depuis 1790, parce que le Roule fut
alors déclaré faire partie de la capitale, et que le
notaire de cette localité devint, par suite de cette ad-
jonction, l'un des titulaires du Châtelet de Paris.

Le grand siècle va commencer ; nous avons fait
d'immenses progrès. Cependant tous les préjugés
n'ont pas encore disparu sous l'empire puissant de la

5

raison ; il nous suffira pour l'établir de rappeler l'emprisonnement de Galilée, l'accusation d'athéisme portée contre Descartes, la mort de Grotius, condamné comme hérétique et la défense faite, sous peine de mort, par le parlement de Paris, d'enseigner une doctrine contraire à celle d'Aristote. Aussi, les édits de Louis XIV recevront-ils les reflets très-divers des anciens préjugés et de la grandeur des innovations de l'époque, de la médiocrité de l'état des finances et de la générosité naturelle au souverain, de l'exagération des principes religieux, qui provoqua la révocation de l'édit de Nantes, et des sentiments d'omnipotence et d'absolutisme qui dominèrent le chef de l'Etat.

Les modifications apportées au notariat seront donc larges, mais variables et soumises à toutes les oscillations qui agitèrent ce règne mémorable.

En 1670, pour préciser et séparer davantage les deux juridictions, Louis XIV défendit aux notaires de dresser actes des plaintes en matière criminelle, qui sont de la compétence du magistrat. En 1673, il gratifia les notaires de divers priviléges honorifiques et pécuniaires ; mais il est regrettable qu'une quittance motivée laisse apercevoir un marché sous la munificence royale ; le trésor était, il est vrai, épuisé par les frais qu'avait nécessités l'invasion de la Hollande, et il fallait faire face à la ligue formée contre la France par l'électeur de Brandebourg, l'empereur

Léopold, le roi d'Espagne, Charles II, roi d'Angleterre, et la plupart des princes de l'Empire. Aussi, voici ce qui se passa :

Un édit du mois de mars 1673 créa en offices héréditaires 20 notaires-greffiers des conventions, qui furent autorisés à prendre le titre de conseillers du roi. Leur qualité de notaires leur donnait le droit d'exercer concurremment avec les autres; celle de greffiers des conventions leur attribuait exclusivement les arbitrages, les compromis, les syndicats et les directions de créanciers; le titre de conseillers du roi était purement honorifique.

Ils obtinrent encore le droit de franc-salé et celui de *committimus* aux requêtes du palais. Le droit de franc-salé donnait aux officiers, à qui il était attribué, la faculté de prendre chaque année, au grenier de Paris et au prix de revient, un minot de sel qui était délivré sur le rôle certifié par le syndic de chacune des compagnies qui jouissaient de ce privilége.

Le droit de *committimus* permettait de se faire renvoyer devant une juridiction spéciale. Il se divisait en deux classes : celui de *committimus* au grand sceau, qui n'était conféré qu'aux princes et aux grands dignitaires, et celui du petit sceau que le roi accordait aux membres des parlements, aux officiers de la cour des Monnaies, aux prévôts et aux échevins, et à quelques compagnies.

Ces priviléges établissaient, en faveur des notaires-greffiers des conventions, une prééminence douloureuse pour leurs autres collègues. Aussi, cet état de chose ne fut-il qu'éphémère. Créés au mois de mars, les notaires-greffiers des conventions furent supprimés au mois d'août suivant, et leurs attributions demeurèrent confondus avec celles des notaires du Châtelet.

« A ces causes, porte l'ordonnance, nous avons
» éteint et supprimé, par le présent édit, les titres
» des 20 offices de greffiers héréditaires des conven-
» tions, créés par notre édit du mois de mars, et
» avons attribué, uni et incorporé la qualité de notre
» conseiller et toutes les fonctions que nous avions
» attribuées auxdits 20 offices de greffiers des con-
» ventions, aux 113 notaires au Châtelet de Paris,
» sans que lesdits notaires soient tenus de prendre
» autres lettres que le présent édit et la quittance du
» receveur de nos revenus casuels de la somme à la-
» quelle chacun d'eux sera modérément taxé par le
» rôle qui sera arrêté en notre conseil. »

La somme payée fut de 452,000 fr. ; elle a été quittancée le 5 mai 1674 par Dumetz, trésorier des revenus casuels du roi.

Dès lors les notaires ajoutèrent à leurs titres celui de conseillers du roi, et jouirent du droit de franc-salé et de celui de *committimus* au petit sceau.

Dominé par cette malheureuse pensée d'unité dans la religion, qui avait coûté tant de sang à la France, et qui devait amener bientôt la révocation de l'édit de Nantes, le roi déclara le 14 juillet 1682, que pour être notaire il fallait être catholique, apostolique et romain. Cette exigence fut bien plus l'expression d'un sentiment religieux qu'une concession au pouvoir ecclésiastique, puisqu'en 1691 un nouvel édit priva les évêques et les archevêques du droit de nommer des notaires apostoliques dans leur diocèse. Pour les remplacer, il fut érigé dans chaque évêché des offices héréditaires de notaires royaux qui furent confiés aux notaires apostoliques, dont le nombre fut définitivement fixé, et ceux qui ne furent pas confirmés par le roi demeurèrent révoqués. Ces notaires étaient d'abord reçus par les juges royaux; puis, ils prêtaient serment entre les mains des évêques comme notaires apostoliques.

Ces dispositions nouvelles privèrent, pendant deux ans, les notaires de Paris du droit de recevoir les actes en matière bénéficiale. Mais, en février 1693, il leur fut rendu par un édit qui prononça la suppression des offices des notaires royaux apostoliques, établis dans le diocèse de la capitale en vertu de l'édit de 1691, et ces fonctions furent réunies dans les mains des conseillers du roi, notaires au Châtelet. Cette réunion fut ensuite opérée en faveur des autres notaires de Lyon, de tout le Languedoc et successivement des autres villes du royaume.

Pendant la même année, un édit d'octobre 1691 dispensa les notaires de Lyon de prendre des témoins,

lors de la réception de leurs actes, à la charge par
eux de les faire signer en second par un de leurs confrères, comme le faisaient déjà les notaires de Paris,
par suite d'une tolérance qui fut approuvée par cet
édit, étendue par une déclaration du 4 septembre 1706, et qui a été ensuite adoptée pour toute la
France, et légitimée par la loi du 24 juin 1843.

Cette loi a été provoquée par deux arrêts rendus
en 1841 et 1842 par la Cour de cassation contraire-
ment à tous les précédents. La situation était grave
alors; le notariat avait sonné l'alarme, les familles
étaient émues. Aussi ne tarda-t-on pas à sanction-
ner une tolérance plusieurs fois séculaire et reconnue
sans danger.

En 1693, après avoir (comme nous l'avons dit)
autorisé les notaires de Paris à exercer de nouveau les
fonctions de notaires apostoliques, le roi confirma
leurs priviléges ; mais il rétablit, par un édit du
mois de mars, les droits de contrôle qui avaient été
supprimés en 1635 par Louis XIII. Cette charge
ne dura pas longtemps; dès le 27 avril 1694, la
formalité fut encore supprimée en faveur des notaires
de Paris, qui ont joui de cet avantage jusqu'en 1722.
Elle fut alors rétablie pour disparaître encore le
1er janvier 1724, époque à laquelle le droit de
contrôle fut converti en un droit de timbre sur les
papiers et parchemins destinés à la rédaction des
actes. Par suite de cette conversion, les notaires du

Châtelet ont profité de l'exemption du contrôle jusqu'à la révolution française de 1789.

Pendant les années qui précédèrent et qui suivirent la paix de Riswick, les ressources étant encore épuisées, l'on songea à l'établissement de nouveaux offices, et Louis XIV institua, en novembre 1696, des conseillers du roi, gardes-scel des sentences et des contrats dans toutes les juridictions royales, en assujettissant au droit de scel tous les actes des notaires, moins les quittances.

L'année suivante, et par un édit d'avril 1697, il sépara pour toujours les gardes-scel judiciaires de ceux des contrats, et créa en offices héréditaires vingt conseillers du roi, notaires gardes-scel à Paris, avec droit de sceller, à l'exclusion des autres notaires, tous les actes qui seraient passés par eux et leurs confrères.

Cette nouvelle prérogative fut encore un sujet d'alarme pour les notaires de Paris qui, moyennant 330,000 fr., obtinrent, la même année, et par un édit du mois de décembre, que les vingt offices nouvellement créés fussent incorporés aux cent treize qui dépendaient de la juridiction du Châtelet. Dès ce jour, les notaires joignirent le titre de gardes-scel à ceux de conseillers du roi, notaires, tabellions, gardes-notes qu'ils avaient déjà. Cette mesure fut étendue aux notaires de provinces par un autre édit du mois d'août 1706, qui supprima définitivement les gardes-scel créés en 1696, en autorisant tous les no-

taires à se munir d'un sceau aux armes de France,
qu'ils apposeraient eux-mêmes sur les grosses de
leurs actes.

Louis XV apporta encore quelques changements :
il confirma, en 1736, tous les priviléges dont nous
avons parlé : les titres de conseillers du roi et de
gardes-scel, le droit de franc-salé et de committimus, l'exemption de toute tutelle et curatelle, ainsi
que celle du logement des gens de guerre ; et par un
édit de 1761, il supprima tous les tabellionages qui
existaient encore dans quelques provinces, malgré
celui de 1597, et même ceux dépendant des domaines engagés. Les fonctions de ces officiers furent
réunies à celles des notaires royaux ; et c'est ainsi
que les notaires de provinces devinrent successivement
gardes-notes, gardes-scels et tabellions, en vertu des
édits de 1597, 1706 et 1761.

Il y eut cependant encore une légère exception :
le tabellionage fut réservé dans les terres de l'apanage du duc d'Orléans, dans le comté d'Artois et
dans tout le ressort du parlement de Flandres.

Tous les progrès sont maintenant suspendus par
les changements de ministère, les intrigues de cour
qui affligent les dernières années du règne de
Louis XV ; et en lui succédant, Louis XVI, effrayé
du fardeau de la couronne, comprit qu'il ne lui suffirait pas de régulariser l'une des institutions que sa
stabilité devait précisément sauvegarder du naufrage

révolutionnaire qui menaçait toutes les anciennes traditions.

Egalement jaloux de la noblesse et du clergé, comprimé quelquefois par ces rivaux puissants, le tiers-état s'emporte et s'irrite; son effervescence, vaporisée d'abord à travers les liens et les concessions des autres pouvoirs, après s'être condensée dans les réunions populaires, se dilate tout à coup avec fracas, pour broyer ou dissiper, en retombant ardente sur la terre, tout ce qui lui avait apparu sous la forme d'un obstacle ou d'un ennemi.

La révolution est donc un fait accompli ; mais les lois qui sont d'abord promulguées portent avec elles le caractère de ces idées, vives et puissantes comme la classe moyenne qui les exploite, mais encore inexpérimentées comme elle.

Au milieu des théories générales d'innovations qui assiégent nos premières assemblées législatives, les lois se ressentent quelquefois de l'activité dévorante qui entraîne ses auteurs, et c'est ce qui a lieu pour le décret du 29 septembre 1791. Par cet acte, l'Assemblée constituante supprima les notaires ou tabellions seigneuriaux et apostoliques, et tous les autres offices du même genre qui furent remplacés par les notaires publics.

Ils furent institués à vie, et révocables seulement pour cause de prévarication préalablement jugée. Leur nombre et leur placement devait être déterminé

par le Corps législatif, et leurs actes furent déclarés exécutoires dans tout le royaume. La même loi
portait que :

Les places des notaires publics ne pourraient être
occupées à l'avenir que par des sujets antérieurement
désignés dans un concours public qui aurait lieu le
1er septembre de chaque année.

Après d'assez nombreuses dispositions, elle s'occupait du remboursement des charges supprimées,
en déclarant qu'il serait établi, pour le remboursement, un prix commun sur celui des acquisitions faites, tel qu'il se trouverait justifié par les traités, les
quittances ou tous autres actes authentiques.

Les idées d'égalité qui surgirent alors réunirent
donc, pour la première fois, toutes les classes de notaires en un seul corps homogène ; et cette loi, riche
d'idées neuves et justes, est empreinte d'un cachet
de probité que l'on ne rencontre malheureusement
pas toujours dans les innovations de cette époque.

L'Assemblée constituante sait que, dès qu'il s'agit
de fonctionnaires investis d'une fraction de puissance,
la limite est une nécessité, et elle rejette la concurrence illimitée comme dangereuse, surtout lorsqu'il
s'agit d'un ministère de confiance, qui s'exerce iso-
lément et exige la connaissance de la loi, l'expérience des affaires, un esprit juste, une rédaction
claire et prompte, et par-dessus tout une probité sévère. Persuadée que la nature humaine doit succom-

ber dans la lutte continuelle qui s'élève entre le devoir et l'intérêt, elle protége doucement cette passion et fortifie le sentiment de probité, en le garan-
tissant des atteintes si graves des besoins matériels
les plus pressants.

Les principes contraires auraient obligé les fonctionnaires à chercher des ressources ailleurs; devenus inexacts, ils se fussent trouvés inhabiles, inca-
pables de le devenir, et l'institution fût redescendue
aux premiers degrés de son origine.

Les justes éloges que nous venons de donner à la
loi de 1791 ne relèvent pas ses imperfections, et
elles étaient nombreuses dans les articles que nous
n'avons pas cités. L'un de ses premiers défauts fut de
n'être pas entièrement exécutée, et les principes vivaces de son origine n'empêchèrent pas plusieurs de
ses rameaux de se dessécher sous le souffle stérile de
l'habitude et du préjugé. Aussi ne tarda-t-on pas à
s'occuper d'une nouvelle organisation. Mais avant de
parler de la loi de l'an xi, cotons ici par ordre celle du
28 floréal an vii, qui conféra aux notaires le droit de
délivrer, sur les actes dont ils seraient dépositaires,
les certificats de propriété nécessaires pour opérer le
transfert des rentes sur l'Etat. Ces certificats ne sont
pas assujettis à l'enregistrement, parce qu'en les dé-
livrant, les notaires agissent comme liquidateurs ou
vérificateurs de la dette publique, qualité qui leur est
assurée par la loi du 26 frimaire an viii.

Enfin parut la loi du 25 ventôse an xi (16 mars
1803), qui avait été discutée par les législateurs de
l'an vi et de l'an vii, et par différentes commissions
créées après le 18 brumaire. L'institution du notariat fut alors établie sur des principes qui semblent lui
assurer encore toute la puissance et toute la considération nécessaires à une profession utile aux besoins
de la société.

Notre compatriote, **M. Favart**, disait au conseil
des Cinq-Cents :

« Il est peu de fonctions plus importantes que
» celles des notaires, dépositaires des plus grands
» intérêts, régulateurs des volontés des contractants,
» quand ils semblent n'en être que les rédacteurs;
» interprètes des lois que l'artifice, la mauvaise foi
» et les combinaisons de l'orgueil, tendent toujours
» à éluder, les notaires exercent une judicature
» d'autant plus douce qu'elle ne paraît presque ja-
» mais, ou ne paraît qu'en flattant les intérêts des
» deux parties; ce qu'ils écrivent fait loi pour les
» contractants, et si ces lois particulières sont en
» harmonie avec les lois générales, ce grand bien est
» leur ouvrage. »

M. Réal exprimait les mêmes pensées au conseil
d'État, lorsqu'il disait :

« Une quatrième institution est nécessaire; et à
» côté des fonctionnaires qui jugent les différents,
» la tranquillité appelle d'autres fonctionnaires qui,

» conseils désintéressés des parties aussi bien que
» rédacteurs impartiaux de leurs conventions, leur
» fassent connaître toute l'étendue des obligations
» qu'ils contractent , rédigent leurs engagements
» avec clarté , empêchent les différents de naître
» entre les hommes de bonne foi, et enlèvent aux
» hommes cupides , avec l'espoir du succès , l'envie
» d'exercer une injuste contestation. Ces conseils
» désintéressés, ces rédacteurs impartiaux, ces juges
» volontaires, ce sont les notaires. »

Le ministre de la justice , de son côté, en écrivant
aux commissaires du gouvernement pour la mise en
activité de cette loi, disait :

« La loi du 25 ventôse n'est pas, citoyen commis-
» saire , un des moindres bienfaits dont la nation sera
» redevable à la session actuelle du corps législatif ;
» il était temps de régulariser une institution si utile,
» en l'assujettissant à une discipline exacte, et en
» exigeant de ceux qui y seraient admis des preuves
» non équivoques de leur moralité et de leur capa-
» cité. Il fallait surtout donner de la consistance et
» de la considération à des fonctionnaires qui ont des
» communications journalières avec les citoyens de
» toutes les classes, et dont l'intervention dans les
» arrangements de famille est si fréquente et si in-
» dispensable. »

Cette loi, Messieurs, est la véritable charte de
l'institution ; elle règle les fonctions , le ressort ,

les droits et les devoirs des notaires, la forme des actes et des répertoires ; elle détermine le nombre et le placement de ces fonctionnaires qui sont nommés à vie ; elle fixe le cautionnement et les conditions d'aptitude ; s'occupe de la transmission des minutes, et annonce que des chambres, pour la discipline intérieure, seront établies par des règlements.

Cette organisation ne se fit pas attendre ; elle fut arrêtée le 2 nivôse an XII.

Les notaires avaient été assez généreusement dotés pour être soumis à une juridiction exceptionnelle et sévère. Aussi, l'établissement des chambres de discipline, en créant les notaires les premiers juges et les premiers gardiens de l'honneur de la compagnie, parut une mesure empreinte d'un sentiment de moralité au premier chef et bien capable de maintenir ces fonctionnaires dans les limites de leurs devoirs. C'était une institution nouvelle, à la hauteur des grandes et sages conceptions qui honorent le commencement de ce siècle, digne d'une profession qui, (d'après M. **Massé** mon maître), « sert d'asile à la » bonne foi, de rempart contre la fraude, par qui » seule tous les échanges de la vie peuvent être faits » avec sûreté, et qui embrasse dans son domaine » tout ce qui tombe dans le commerce des hommes. »

La loi de ventôse avait tracé des devoirs rigoureux, impérieux, nécessaires. L'arrêté de nivôse régla, pour ainsi dire, les battements de cœur des

notaires et toutes les inspirations de leurs consciences.
Une faiblesse accidentelle, une peccadille vulgaire,
une pensée déloyale, vont emprunter, sous le man-
telet notarial, les proportions et la gravité du délit ou
du crime; et c'est dans un tribunal, composé de collègues et de pairs, que l'on trouvera les juges inévi-
tables, infaillibles de ces cas de conscience.

Des chambres sont donc organisées dans chaque
arrondissement. Les membres qui les composent sont
pris parmi les notaires, élus par eux, et chargés de
maintenir la discipline intérieure. Ils sont encore appelés à surveiller la manière dont la compagnie doit
se recruter, puisque ce sont eux qui doivent délivrer,
après renseignements et examens, les certificats de
moralité et de capacité nécessaires aux aspirants.

L'Empire compléta cette grande organisation en
confirmant, en 1805, l'usage de panonceaux aux
armes de France, et en accordant à ces fonctionnaires
le titre de notaires impériaux. Par un autre décret
du 21 août 1806, l'empereur voulut que les certificats de vie, nécessaires pour toucher les pensions sur
l'Etat, fussent exclusivement délivrés par les notaires
désignés à cet effet, qui prendraient le titre de notaires impériaux certificateurs.

Il n'y eut d'abord que quelques certificateurs.
Paris en eut 40, et les autres furent choisis parmi les
notaires d'arrondissement. Ces exceptions n'ont jamais eu beaucoup de durée à Paris. Une ordonnance

de Louis XVIII, du 30 juin 1814, autorisa tous les
notaires de la capitale, indistinctement, à les délivrer. Cette faveur a été étendue aux notaires des dé-
partements par une ordonnance du 9 juillet 1839.

Constituées sur ces bases larges et sévères, l'institution semblait destinée à traverser les siècles sans
modifications, sans atteinte grave; mais malheureusement l'éclat des plus brillantes théories vient souvent s'assombrir au contact de la réalité, de la mise en
œuvre, ce puissant réactif des conceptions humaines.

Le notariat n'a pas, il est vrai, subi, depuis cette
époque, un remaniement général; mais un de ces
principes essentiels a été modifié dès les premières
années de la Restauration.

Les besoins financiers se faisaient alors sentir, et
l'on trouva une grande et prompte ressource dans
l'augmentation subite des cautionnements des avocats
à la Cour de cassation, des notaires, des avoués, des
greffiers et des huissiers. Les cautionnements furent à
peu près triplés. C'était une lourde charge qui était
impérieusement exigée, sous peine de destitution, sans
avertissement préalable, sans autre raison que celle
des besoins de l'Etat. On jugea convenable d'accorder une compensation; et l'article 91 de la loi du
28 avril 1816, déclara que les fonctionnaires, ainsi
grevés, pourraient, à l'avenir, présenter des successeurs à l'agrément de Sa Majesté, pourvu qu'ils réunissent les qualités exigées par la loi.

Quel droit conférait cette loi nouvelle ?

Etait-ce un simple droit de présentation ? Non, c'eût été trop peu.

Faisait-elle revivre l'ancienne vénalité des offices ? Non, encore. On n'a jamais voulu l'entendre ainsi, parce que cette vénalité complète, absolue, n'est plus en harmonie avec nos institutions.

Cependant, et en fait, sous les yeux de l'autorité, avec son concours et la société entière pour complice, ces charges se sont vendues moyennant des prix débattus qui ont fait l'objet de contrats licites, dont l'exécution a été ordonnée et poursuivie. Ce droit, qui a été confirmé depuis par plusieurs actes législatifs, fut peut-être commandé par les circonstances ; et ceux qui le considèrent comme une faute ne peuvent pas nier qu'elle fut commise sciemment. Une double pensée domina le projet de loi : la première était juste, mais elle fut généreuse ; et, sous la forme d'un échange, les titulaires furent gratifiés d'une manière toute royale.

La deuxième empruntait quelque chose aux idées politiques ; et, sans l'avouer ouvertement, c'était peut-être un pas rétrograde vers d'anciens souvenirs. La vérité est qu'on ne tarda pas à s'en repentir, à l'égard des greffiers, qui s'empressèrent de trafiquer de leurs places.

Une circulaire, du 21 février 1817, nous donne la preuve de ces regrets ; M. le ministre y dit, avec beaucoup de raison : « Mais il n'existe pas de concurrence pour les greffiers, le recours à leur ministère est obligatoire pour tous les justiciables; conséquemment, ils ne doivent ni à leur zèle ni à leur aptitude, une augmentation de clientelle, et l'on ne peut pas les assimiler aux autres officiers ministériels. »

Nous avons cité ces expressions, comme transition nécessaire à d'autres considérations.

Dans un résumé de l'histoire du notariat, il ne nous est pas permis de coudoyer sans examen les reproches si vifs, si multipliés que l'on a adressés au droit de présentation dont les notaires jouissent avec tant d'autres officiers ministériels, dont on ne s'est point cependant occupé.

Pourquoi les reproches se sont-ils dirigés d'abord contre les notaires? Il faut le dire dès le début, c'est beaucoup leur faute, mais plus encore celle de l'époque. Dès à présent, nous accordons des indulgences plénières à l'institution telle qu'elle est encore régie par les lois de l'an XI et de 1816. Du reste, la loi doit rester toujours sauve dans les hautes régions où elle est placée; les fautes sont pour les hommes, et nous ne perdrons pas de vue ce principe salutaire.

On a attaqué la vénalité, parce que quelques notaires ont manqué à cette mission de délicatesse et de probité, à ce ministère presque sacerdotal, dont la loi les avait investis, et que la confiance publique avait ratifié.

La position était noble à tenir, plusieurs membres y ont fait défaut ; tous sentiments d'ambition devaient être repoussés, et, du jour où ils ont été écoutés, leurs excès ont failli compromettre l'institution. Mais si des sentiments de cupidité ont assailli quelques membres, est-ce la faute de la loi de 1816 ; et si les titulaires n'eussent pas eu le droit de présentation, les mêmes désirs ambitieux ne se seraient-ils pas produits également? Examinant la question sans prévention, nous disons sérieusement, sincèrement que les événements eussent été plus nombreux, plus déplorables encore.

L'action de l'autorité eût été moins active, moins puissante, puisqu'on n'aurait pas craint la destitution, et par suite, la perte de la valeur de la charge elle-même, puisque la même loi retire la faculté de présentation aux titulaires destitués.

Ce droit a donc été jusqu'à présent un frein pour les réfractaires, une garantie pour leurs victimes ; ainsi, la loi de 1816 n'a fait qu'ajouter des garanties nouvelles à celles assurées par la loi de l'an xi, sans en affaiblir aucune. Considérée sous le rapport financier, qui est toujours le côté le plus puissant et le plus inflexible de toute question, puisqu'il est la base nécessaire de son application, nous répéterons ce que nous avons dit dans une autre enceinte :

La valeur des offices forme aujourd'hui une véritable richesse nationale, car si elle augmente d'une manière sensible l'actif des titulaires, la fortune publique, qui ne se compose en définitive que de la somme des richesses privées, s'en trouve augmentée d'autant, et nous verrions un grand danger dans l'anéantissement de cette valeur importante.

Ce n'est pas dans le droit de présentation que nous devons chercher la cause des événements malheureux dont le souvenir encore vivace vient se refléter jusque dans cet aperçu historique; elle est facile à retrouver ailleurs, et si rapprochée de l'effet, qu'il est presque impossible de fixer l'un sans apercevoir l'autre en même temps. L'effet a été la ruine, et la cause, l'avidité ambitieuse qui s'était emparée de la nation pendant ces derniers temps. N'accusons donc que les dispositions et les entraînements de l'époque. A la suite des déclassements qui sont la conséquence nécessaire des révolutions, un esprit de vertige exalte toutes les ambitions; au milieu du tourbillon de l'agiotage qui a successivement exploité les fonds publics, la revente et le morcellement de la propriété, les constructions de rues, de passages publics, de voies de fer, les produits houillers et métallurgiques et les industries de toute sorte; à travers l'enivrante frénésie de la spéculation, et dans cette atmosphère pestilentielle où le spéculateur imprudent de la veille se posait en millionnaire le lendemain; est-il surprenant que quelques fonctionnaires d'un esprit ardent aient voulu tenter des faveurs d'une forune qui se montrait si prodigue et si peu rebelle ?

L'effervescence s'est arrêtée à temps, et le calme est aujourd'hui rentré dans les esprits. Si les événements ne sont pas terminés, ceux qui pourraient se préparer encore n'ont plus rien d'alarmant, et ne seraient plus, à vrai dire, que les derniers résultats de la tempête.

Le gouvernement d'alors ne s'est point trop ému de cet état fébrile, et les chambres de discipline n'ont pas fait défaut à la mission qui leur était dévolue. Tour à tour patientes, sévères et affligées, elles ont confessé les misères de la compagnie avec une douleur et des regrets qui laissaient toute espérance à l'avenir.

C'est dans ces circonstances qu'est intervenue l'ordonnance du 4 janvier 1843.

M. le garde des sceaux, dans son rapport au roi, n'a pas de paroles sévères pour l'institution ; il ne regrette pas non plus ce droit de présentation si vivement attaqué sous le faux prétexte du bien public, et il n'oublie point, comme l'ont fait quelquefois dans ces derniers temps les publicistes, ce grand principe que nous empruntons à Montesquieu : « C'est un paralogisme de dire en général que le bien particulier doit céder au bien public, cela n'a pas lieu dans le cas où il est question de la propriété des biens, parce que le bien public est toujours que chacun conserve invariablement la propriété que lui donnent les lois civiles. »

6*

Loin de là , « le notariat, dit le ministre , a tou-
» jours été environné d'une grande considération,
» et c'est l'étendue de la confiance qu'il doit inspi-
» rer qui le place dans un rang élevé ; mais plus l'ins-
» titution a d'importance et d'utilité , plus il est né-
» cessaire de réprimer les abus qui tendraient à s'y
» introduire.

» Dans ces dernières années, des fautes graves
» ont été révélées , des désastres dont la pensée pu-
» blique s'est vivement émue , ont éclaté, et l'on
» s'est demandé s'il ne devenait pas nécessaire de
» donner une force nouvelle aux moyens consa-
» crés par la loi pour prévenir de semblables mal-
» heurs. »

Quel est maintenant le but de ce rapport ? L'autorité va-t-elle frapper l'institution ou l'amoindrir ?
Non ; et bien au contraire, l'arrêté du 2 nivôse an XII
n'avait pas encore assez fait pour elle, l'ordonnance
de 1843 vient combler les lacunes , ajouter des dispositions d'une utilité incontestable.

Elle confirme tous les anciens droits, étend et fortifie l'autorité des chambres de discipline , interdit
aux notaires toutes les spéculations de bourse , les
opérations de commerce et de banque, et leur défend
de s'immiscer dans les sociétés de finances , de commerce ou d'industrie, dans les spéculations d'immeubles et d'actions industrielles , et de se constituer ga-
rants des prêts faits par leur intermédiaire. Elle crée

de plus l'honorariat, légalement inconnu jusqu'alors, et donne ainsi un noble but à l'émulation, une prime de la plus haute moralité aux services honorables et constants, un nouvel éclat au titre de fonctionnaire assuré par la loi de ventôse. Cette faveur n'est pas réservée aux notaires spéculateurs et passagers; elle ne peut être accordée qu'après vingt années d'exercice.

Enfin, prévoyante presque à l'excès, elle veille à ce que les aspirants se disposent à ces fonctions par un travail assidu, une conduite probe et loyale.

Les chambres ont accueilli avec enthousiasme ces nouvelles dispositions; elles ont fait plus, et d'accord avec les compagnies, elles ont ajouté, par des règlements intérieurs, à la sévérité des dispositions des lois et des ordonnances.

Dans quelle compagnie, dans quelle institution trouverons-nous plus de garanties sérieuses, plus de solidarité, plus de bonne grâce et d'empressement pour l'exécution rigoureuse, exacte des devoirs même du for intérieur? Encore quelques exigences que les notaires provoquent eux-mêmes de toutes leurs forces : une capacité plus sûre, garantie par la preuve d'études théoriques dans les facultés de droit; une moralité plus ferme, assurée par l'ensemble des précautions qui doivent précéder l'*investiture* : voilà le double but vers lequel les chambres de discipline tendent avec une louable persévérance.

Après ces nouvelles améliorations, l'édifice, dont l'origine est toute républicaine, sera cimenté de manière à affronter tous les dangers, et à l'abri de tout échec, même partiel.

Tel est, Messieurs, le tableau historique de cette sérieuse institution qui a pris en France tant de développements, depuis qu'elle participe à la grandeur comme à la solennité de la loi.

Les pays qui n'ont pas adopté notre admirable législation sont bien loin de nous sous ce rapport. Chez les uns, les rédacteurs des conventions sont encore à l'état infime de scribe; chez les autres, c'est le juge qui cumule le droit de solenniser et d'interpréter les contrats; et cette confusion de pouvoirs, dangereuse, embarrassante, nous apparaît comme une critique violente de l'insuffisance de leurs constitutions.

En France, les deux juridictions sont distinctes, et le notariat remplit une mission dont la modestie silencieuse et isolée ne diminue en rien les services qu'il rend, en assurant les conventions et la transmission régulière de la propriété. Il peut donc soutenir avec avantage la comparaison avec toutes les autres institutions des empires civilisés, et, à ce titre, il était digne de nos recherches et de votre examen; car ne sommes-nous pas tous intéressés à la grandeur comme à la prospérité des institutions de notre pays?

Son origine est la même que celle des sociétés; et

en France, elle date du commencement de la monarchie. Le notariat a donc acquis depuis longtemps ses grandes lettres de naturalisation, et il se souviendra qu'ancienneté oblige. Il a des traditions respectables à sauvegarder ; et si les tendances générales d'une époque, qui portaient tous les esprits vers les spéculations aventureuses, ont un instant terni son antique pureté, les noms historiques de nos dignes et sages prédécesseurs, ceux de tant collègues actuels dont le mérite et la probité honorent l'institution toute entière, seraient-suffisants, nous l'espérons, pour lui reconquérir tous ses droits à l'estime publique.

FIN.

Clermont, impr. de Thibaud-Landriot frères.

www.ingramcontent.com/pod-product-compliance
Lightning Source LLC
Chambersburg PA
CBHW050558210326
41521CB00008B/1024